Robert Schmidt

Herr Lehmann

Die Erlebnisse eines Dackels

1. Auflage März 2013

Satz und Gestaltung:
Klartext Medienwerkstatt GmbH, Essen

Umschlaggestaltung:
Volker Pecher, Essen

Umschlagabbildung und Illustrationen:
Christoph Hodgson

Foto Seite 2:
Marco Kneise/*Thüringer Allgemeine*

Druck und Bindung:
Multiprint GmbH, Bulgarien

ISBN 978-3-8375-0944-1

www.klartext-verlag.de

Editorial

Von Paul-Josef Raue,
Chefredakteur der
Thüringer Allgemeinen

Zeitungsleser mögen Kolumnen. Noch mehr mögen sie die Kolumnisten, deren meist nachdenkliches Gesicht zu sehen ist und zum Lesen einlädt. Die wohl beliebteste Kolumne der *Thüringer Allgemeinen* zeigt nicht den Kolumnisten, sondern das Objekt seiner Kolumne: Einen kleinen Hund, liebevoll »Herr Lehmann« genannt.

Leser sind begeistert und schreiben Fanbriefe wie: »Herr Lehmann! Es ist noch Platz in meiner Hütte, wenn Herrchen meckert«. Leser schicken Herrn Lehmann Pakete mit einer Extra-Portion Hundefutter. Leser schließen den kleinen Hund, der so viele Geschichten schreibt, in ihr Herz.

Herr Lehmann ist Kult, hat eine eigene Fangemeinde – meist weiblich – wie eine TA-Leserin aus Waltershausen, die ihn lobt, ebenso wie die anderen Kolumnen in der TA: »Es sind oft Wahrheiten und Fingerzeige, aus dem puren Leben geholt. Mich bringen sie zum Schmunzeln, Lachen und Nachdenken.«

Das Herrchen hinter Herrn Lehmann ist der TA-Redakteur Robert Schmidt – der einzige Kolumnist in der Zeitung, der nicht mit seinem Porträt in der Zeitung erscheint. Robert Schmidt ist Blattmacher am

Thüringentisch, also ein Journalist, der für die Qualität in den Lokalteilen und dem Thüringen-Teil der Zeitung sorgen muss.

Er begann zudem im Sommer 2011, seine »Herr Lehmann«-Kolumne auf der »Leben«-Seite der *Thüringer Allgemeinen* zu schreiben. Entstanden sind über 80 schöne und anspruchsvolle Kurzgeschichten. Sie schreibt Robert Schmidt in ruhigen Stunden, wenn der Hund schläft und sich sein Herrchen nicht mehr mit den Hauptsachen eines Redakteurs beschäftigen muss.

Die Kolumne ist ein Beweis dafür, dass eine Zeitung mehr ist als nur Altpapier am Ende des Tages und dass eine Zeitung nicht nur zum Einwickeln von Fischen taugt. In der Zeitung steht manches, was über den Tag hinausragt – wie beispielsweise »Herr Lehmann«, der kleine Hund. Dieses Taschenbuch beweist es.

Die Sache mit dem Fußball

Zeitungstechnisch gesehen wurde der Herr Lehmann im Sommer 2008 in der *Thüringer Allgemeinen* geboren. Es war gerade Fußball-Europameisterschaft. Sein erster kurzer Beitrag erschien am 20. Juni 2008:

Herr Lehmann findet die Fußball-EM toll. Seit gut zwei Wochen kann er nämlich ab 20.45 Uhr ungestört seinen Geschäften nachgehen. Den großen und den kleinen. Denn um diese Zeit sitzt alle Welt vor dem Fernseher. Der Herr Lehmann ist ein Fußballmuffel, weil: Herr Lehmann ist ein Rauhaardackel. Er muss nur aufpassen, dass er zur Halbzeitpause wieder zu Hause ist. Denn dann werden – ganz schnell – alle anderen Hunde Gassi geführt.

Es folgten etliche Anrufe in der Redaktion, auch in Briefen wurde gefragt, ob die TA etwas gegen die Fußball-Nationalmannschaft hat. Und deshalb erschien am 28. Juni 2008 eine weiterführende Erklärung.

Herr Lehmanns Hundelogik

Der Herr Lehmann – und der Herr Lehmann besteht auf das »Herr« im Namen, soviel Zeit muss sein – hat in den vergangenen Tagen jede Menge Kritik einstecken müssen. Er outete sich kürzlich in dieser Zeitung als ausgesprochener Fußballmuffel. Das ist im Allgemeinen wohl schon ein Frevel, in diesen Tagen aber augenscheinlich auch eine der, wenn nicht sogar die Todsünde schlechthin.

Da half es auch nichts, dass der Herr Lehmann ein Rauhaardackel ist und somit mit Fußball ungefähr genauso viel am Hut hat, wie ein Rindvieh mit Curling oder Integralrechnung. Und es half auch nichts, dass er für seinen Namen nichts kann und folglich auch nichts für mögliche Verwechslungen mit einem allseits bekannten Keeper, der allerdings noch einen Vornamen zwischen dem »Herr« und dem »Lehmann« hat, nämlich Jens. Den Hundenamen hat nämlich sein Herrchen ausgesucht. Und dieser schwört nach wie vor Stein und Bein, dabei nicht an Fußball, sondern viel mehr an Literatur gedacht zu haben.

Doch zurück zum Thema: Wie kann also ein Rauhaardackel, der noch dazu Wert auf das »Herr« im Namen legt und auch nur Sitz macht, wenn dem Befehl ein ausdrückliches »Herr Lehmann« folgt, nichts mit Fußball am Hut haben? Er kann, und das sogar sehr gut. Wiesen ohne Fußballer sind allemal interessanter als solche mit, Biergärten ohne grölende Fans übrigens auch.

Herrn Lehmann ist es dabei völlig egal, dass seine Rasse auch als Deutscher Teckel geführt und ihm somit praktisch schon von Geburt an ein gewisser Patriotismus in die Wiege und anheim gelegt wird – freilich ganz ohne sein Zutun. Solche Art Patriotismus geht ihm dann auch fünf Meter am Teckel-Pops vorbei, er würde ihn – falls vorhanden – für eine Bockwurst verkaufen. Sofort und jederzeit und sei es auch nur eine halbe. Doch was nicht vorhanden, kann man nicht

verkaufen. Also wird das mit der Bockwurst wohl nichts, auch nichts mit der halben.

Nun wird man auch als Rauhaardackel nicht automatisch als Fußballmuffel geboren. Das liegt den in den Annalen des Deutschen Teckelklubs 1888 e.V. – Mitglied beim zuchtbuchführenden VDH – eingetragenen Züchtern fern. Man – also Hund – wird dazu gemacht. Und ergo liegt die Schuld nicht beim Rauhaardackel und somit auch nicht bei Herrn Lehmann, sondern beim Herrchen, das auch den bekloppten Namen ausgesucht hat. Bei dieser Erkenntnis jubelt jeder Hundepsychologe: Das Problem ist eigentlich immer am anderen Ende der Leine (vom Hund aus gesehen) zu suchen und zu finden. Nur weil Herr Lehmanns Herrchen keinen Fußball mag, mag Herr Lehmann auch keinen Fußball. Und er mag ihn als folgsamer Hund nicht. So! Das ist Hundelogik, sie ist erschreckend einleuchtend und – eben logisch.

Aber Ausnahmen bestätigen die Regel. Auch im Hundeleben. Das Halbfinale hat Herr Lehmann geguckt. Denn Herrn Lehmanns Herrchen hatte Dienst – war also abwesend – und Frauchen ist da toleranter.

In diesen wie auch in anderen Fragen der Hundeerziehung. Außerdem hatte Herr Lehmann am Mittwochabend nichts anderes vor, weil Frauchen vor der Zeit – also vor 20.45 Uhr – mit ihm Gassi war. Bei Herrchen war die Anpfiffzeit immer auch gleich Gassigehenzeit. Aber wie gesagt: Das Frauchen ist da toleranter.

Nun gut, die Deutschen sind weiter. Herr Lehmann hat das Halbfinale zwar nur geguckt, damit Frauchen zufrieden ist, dass Herr Lehmann Fußball guckt, wenn Herrchen nicht da ist – auch das ist Hundelogik. Ein bisschen aber auch, um sein ramponiertes Ansehen ein wenig aufzupolieren. Das vom Herrchen ist ihm übrigens völlig egal. Das morgige Finale guckt er allerdings auch. Herrchen hat wieder Dienst – und Frauchen kann sich bei Toren und Abseits und Fouls so schön aufregen.

Nachhilfe für Abgeordnete

Thüringen hat nun also auch eine Kampfhunde-Verordnung. Der Herr Lehmann ist als Rauhaardackel davon zwar nicht betroffen, er findet sie aber trotzdem blöd.

Herr Lehmann hat beispielsweise einen Bullterrier-Kumpel. Der heißt Knut und ist knuffig. So knuffig, dass der Herr Lehmann ihn vorne und hinten, oben und unten und überhaupt überall und jederzeit zwicken und piesacken kann so viel er will – Knut grinst nur milde. Soweit ein Bullterrier eben milde grinsen kann. Ansonsten ist er die Ruhe in Person. Da kann ein Panzer durch Knuts Vorgarten fahren, und dem Panzer passiert rein gar nix. Gleiches gilt übrigens auch für Postboten.

Andererseits hat der Herr Lehmann eine Yorkshireterrierin in der Verwandtschaft des Herrchens, die eine wahre Giftnudel ist. Nimmt der Herr Lehmann ihr den Ball weg, schreit sie Zeter und Mordio, langt der Herr Lehmann mal in ihren Fressnapf, ist die Hölle los. Vernünftig diskutieren kann man mit ihr auch nicht, die kläfft gleich immer hysterisch los. Eine echte Strafe Gottes also, die eigentlich verboten gehört oder zumindest ein paar Tage Benimm-Kurs beim Herrn Rütter verordnet bekommen müsste.

Steht aber nichts davon in der Verordnung drin. Der Herr Lehmann hat sie sich von Herrchen vorlesen lassen. Sollten die Damen und Herren Abgeordneten des Erfurter Landtages also noch nachbessern wollen, der Herr Lehmann kann mit ihr gerne mal bei ihnen vorbeikommen. Ohne Beißkorb.

Geschniegelt und gestriegelt

Der Herr Lehmann war auch auf der Hundeausstellung am Wochenende in Erfurt. Aber nur als Gastgucker. Er wollte mal schauen, wie er so als Rauhaardackel aussehen müsste, wenn er ein Star werden wollte. Will er aber nicht. Jedenfalls jetzt nicht mehr. Denn was dort an seinen Kumpels so rumgezupft, gebürstet und gekämmt wurde, geht auf keine Rauhaardackelhaut drauf.

Da standen die armen Tölen auf den Frisiertischen ihrer Frauchen und mussten das volle Programm mit waschen, legen und föhnen über sich ergehen lassen – nur um danach so auszusehen wie ihre Frauchen. Was nicht unbedingt von Vorteil ist. Auch dem sich anschließenden Im-Kreis-Rumrennen konnte der Herr Lehmann nichts abgewinnen. Das macht er viel lieber im Garten des Herrchens, und zwar so, dass die Grasfetzen fliegen. Ohne dass ihm jemand vorschreibt, dass er dabei den Rücken gerade zu halten hat oder so was.

Okay – es gab auch Stände mit lecker Leckerlis. Blöd nur, dass Herr Lehmann gerade eine Diät macht. Oder machen muss. Er hat sich trotzdem ein Schweinsohr geklaut. Das war schön. Und zum Glück hat es außer dem Frauchen niemand gesehen, da Herrchen gerade in Fachliteratur blätterte, wie denn der Herr Lehmann sein müsste, wenn er ein »Vorzüglich« in seine Papiere gestempelt bekommen wollte. Will er aber wie gesagt nicht. Der Herr Lehmann ist ganz zufrieden mit sich und der Welt. Ungeschniegelt und -gestriegelt. Und das ist ja wohl das Wichtigste.

Der Fluch der Globalisierung

Auch Rauhaardackel wie der Herr Lehmann sind von der Globalisierung betroffen. Ganz doll sogar. Denn sein Frauchen ist eine Griechin. Der Herr Lehmann konnte sie sich übrigens nicht aussuchen, er bekam sie quasi vor die Nase gesetzt.

Nun ist Griechenland fast pleite, und der Herr Lehmann befürchtet für sich das Schlimmste. Denn eigentlich war für dieses Jahr geplant, in Herrn Lehmanns Garten einen Pavillon zu errichten. Mit Platz auch und vor allem für ihn. Beispielsweise zum Ausruhen vom Rumtoben oder als Ort besinnlicher Ruhe, falls Herrchen und Frauchen mal wieder zu sehr nerven. Der Herr Lehmann denkt nun, dass irgendwann die gesamte griechische Verwandtschaft des Frauchens bei ihm auf der Matte steht. Und dass die dann mangels Platz – es sind sehr viele – genau dort einquartiert werden. Jedenfalls hat das Herrchen so was gesagt.

Nun hat der Herr Lehmann nichts gegen Griechen. Genauso wenig wie gegen französische Bulldoggen oder ungarische Hütehunde. Wirklich gar nichts. Aber bitte nicht in seinem Gartenhaus. Er plädiert deshalb für uneingeschränkte Finanzhilfen an die Hellenen. Der Herr Lehmann wäre auch bereit, sich mit einem Knochen pro Monat daran zu beteiligen. Oder einem halben. Eines muss hier aber noch gesagt werden: Der Herr Lehmann hat das Frauchen lieb. Ganz doll sogar. Ehrlich.

Ärger mit der Feuerwehr

Jüngst lief der Herr Lehmann am Elxlebener Feuerwehrhaus vorbei. Mit dem Herrchen an der Leine. Vor dem Feuerwehrhaus saßen gerade ein paar Feuerwehrleute und tranken Bier. Was Feuerwehrleute eben tun, wenn sie abends vor dem Feuerwehrhaus in der Sonne sitzen und mit allem fertig sind, was sie im Feuerwehrhaus so zu tun haben. Allerdings fragten sie das Herrchen, ob der Herr Lehmann vielleicht ein bisschen schwanger wäre. Der Herr Lehmann tat so, wie Rauhaardackel immer tun, wenn es eng für sie wird. Er tat, als wäre er nicht vorhanden.

Das half aber nichts. Wieder zu Hause, beschlossen Frauchen und Herrchen, dass der Herr Lehmann ab sofort eine Diät macht. Der Herr Lehmann wurde hierzu nicht befragt.

Nun bekommt der Herr Lehmann Diätfutter. Das Zeug schmeckt genauso, wie es heißt. Nämlich nach nichts. Der Herr Lehmann ist deshalb ziemlich angefressen. Das derzeitige Verhältnis zwischen ihm und der örtlichen Feuerwehr darf deshalb mit Fug und Recht als ein etwas gespanntes bezeichnet werden. Auf seiner abendlichen Runde zieht der Herr Lehmann jetzt immer seinen Hüftspeck in Richtung Brustkorb, was allerdings etwas anstrengend ist.

Jedenfalls zeitigt die Diät erste Erfolge. Der Herr Lehmann hat bereits ein ganz klein wenig abgenommen und ist also nicht mehr ganz so sehr schwanger. Ob er aber jemals wieder mit den Feuerwehrleuten spielen wird, hängt auch davon ab, ob die seine zweifelsohne schon jetzt recht deutlich sichtbare Gewichtsreduzierung von etwa 50 Gramm auch entsprechend würdigen. Er wird heute Abend mal darauf achten.

Lecker Fressen intravenös

Neulich hatte der Herr Lehmann Hunger. Der Herr Lehmann macht gerade Diät und hat deshalb eigentlich immer Hunger. Er saß also auf der Terrasse und überlegte, was er denn jetzt fressen könnte. Da traf es sich gut, dass dort eine Büchse Ameisengift rumstand. Offen. Nun gut – dachte sich der Herr Lehmann –, wenn das Herrchen so blöd ist und eine offene Büchse Ameisengift da hinstellt, dann fresse ich eben das Ameisengift. Gesagt, getan.

An die Fahrt in die Tierklinik hat der Herr Lehmann keine genauen Erinnerungen mehr. Er pupste und rülpste vielleicht ein bisschen mehr als sonst, das war's aber auch schon. Dort angekommen, bekam er eine Spritze und durfte sich nach Herzenslust übergeben. Auch drinnen. Er wurde sogar noch dafür gelobt. Das fand der Herr Lehmann klasse. Anschließend bekam er eine Infusion. Die war lecker. Der Herr Lehmann blieb in der Tierklinik und bekam sein Fressen quasi intravenös direkt ins Blut. Die ganze Nacht lang. Er war begeistert.

Am nächsten Tag holte ihn ein etwas kleinlautes Herrchen wieder ab. Wahrscheinlich hatte es von Frauchen einen Anschiss bekommen. Der Herr Lehmann kennt das. Jedenfalls: Zu Hause gab es dann noch Hühnchen mit Reis – das war für Herrn Lehmann wie Weihnachten und Ostern auf einmal. Leider hat der Herr Lehmann seitdem keine offenen Dosen mehr in seinem Haushalt entdeckt. Weder mit noch ohne Ameisengift. Er hält aber weiter die Augen offen. Zumal er ja nun wieder auf Diät gesetzt ist.

Pädagogik

Bei seiner letzten Steuererklärung wollte das Herrchen auch den Herrn Lehmann absetzen. Er hatte schon eine Anlage formuliert: »Liebes Finanzamt! Mein Dackel ist sehr wohl eine außergewöhnliche Belastung (siehe auch beigefügte Tierarztrechnungen). Ich bitte Sie, entsprechend zu verfahren.« Das Frauchen verhinderte das Absenden zum Glück noch.

Das Herrchen hatte irgendwo mal aufgeschnappt, dass man seinen Hund sehr wohl steuerlich geltend machen darf. Wenn er zum Beispiel ein Wachhund ist. Der Herr Lehmann weigerte sich bis dato aber beharrlich an einem solchen Lehrgang teilzunehmen. Nicht nur, weil er zu dem auch das Herrchen mitbringen müsste – und wer will sich schon gerne blamieren –, sondern auch aus Prinzip: Lehrgänge sind des Herrn Lehmanns Sache nicht. Jedwede aufgezwungene pädagogische Einflussnahme wird von ihm erst einmal kritisch hinterfragt. Der Herr Lehmann hält es da eher mit Waldorf oder Montessori. So in etwa: Wenn das Herrchen »Komm« ruft, dann setze ich mich erst mal hin und denke: »Komm du doch, wenn du willst. Du hast den gleichen Weg.« Meist kommt das Herrchen dann auch.

Das mit dem Wachhund-Lehrgang kann das Herrchen also vergessen. Und somit auch das mit der steuerlichen Absetzbarkeit von Herrn Lehmann. Der Dackel kann damit leben. Das Finanzamt wohl auch.

Von Katzen und Frauen

Der Herr Lehmann ist ganz schön angefressen. Er kommt mit den Katzen in seinem Dorf nicht klar. Dabei bemüht er sich wirklich um eine friedliche Koexistenz mit ihnen.

Wenn er also eine solche Katze trifft, dann machen die meist einen Buckel. Der Herr Lehmann dachte sich dann irgendwann mal: Na gut, was die können, kann ich schon lange. Und machte auch einen Buckel. Es folgten drei Sitzungen á 45 Minuten bei einer staatlich anerkannten Tier-Masseuse, damit Herr Lehmanns Rücken wieder so wird, wie es der Rassestandard für Rauhaardackel vorschreibt: nämlich möglichst gerade und möglichst lang. Das Frauchen sagte dazu nur, dass der Herr Lehmann aufhören solle zu denken – und guckte dabei auch das Herrchen an.

Oder die Katzen springen nach dem Buckelmachen einfach auf eine Mauer. Das würde der Herr Lehmann auch gerne können, kann er aber nicht. Er hat es probiert. Als Herr Lehmanns Kopfschmerzen langsam nachließen, beschloss er, seine Hochsprungkarriere ad acta zu legen.

Der Herr Lehmann würde auch gerne Mäuse jagen können und sie dem Frauchen vors Bett legen. Kann er aber auch nicht, hat er auch schon probiert. Deshalb legte er dem Frauchen neulich ein von ihm höchst selbst erlegtes Stück Fallobst aus dem Garten dorthin. Und bekam richtig Ärger.

Der Herr Lehmann will jetzt erst mal ein Frauen- und ein Katzenversteher werden. Er befürchtet allerdings, dass das ein ziemlich langer und schwieriger Prozess werden wird. Und von Herrchen ist dabei wohl auch nicht viel Hilfe zu erwarten.

Ärger mit Herrn Krüger

Der Herr Lehmann muss mal mit dem Herrn Krüger reden. Der Herr Krüger ist der Chef vom Herrchen. Es geht schlichtweg nicht, dass der Herr Krüger dem Herrchen einfach mal so und mitten in der Woche freigibt. Das bringt den ganzen geregelten Tagesablauf des Herrn Lehmann durcheinander. Normalerweise steht der Herr Lehmann auf, frisst und trinkt ein bisschen was, geht ein paar dringende Geschäfte erledigen und legt sich dann wieder hin. Doch wenn das Herrchen zu Hause bleibt, kann er das vergessen.

Neulich saß das Herrchen mal wieder länger als gewöhnlich beim Kaffeetrinken und sagte dann was von Agility oder so. Dem Herrn Lehmann schwante Böses, und er sollte Recht behalten. Denn das Herrchen wollte, dass der Herr Lehmann durch einen bunten Plastetunnel krabbelt und über eine Wippe rennt. »Ohne mich«, dachte sich Herr Lehmann, blieb vor der Wippe sitzen und guckte zu, wie sich das Herrchen zum Affen machte. Aber der Vormittag war gelaufen.

Auch aus seinem Nachmittagsschlaf wurde nichts. Das Herrchen machte sauber. Nicht nur, dass der Herr Lehmann und das Frauchen danach nichts mehr dort wiederfinden, wo es mal war und wo es hingehört, das Herrchen machte auch jede Menge Krach dabei. Damit jeder im Ort mitkriegt, dass das Herrchen sauber macht. Als der Herr Lehmann dann aber abends wie gewöhnlich was unternehmen wollte, war das Herrchen auf einmal viel zu müde dafür. Schöner Mist.

Vielleicht ruft der Herr Krüger den Herrn Lehmann ja mal an. Die Telefonnummer kann er beim Herrchen erfragen.

Wursthunde und das Tanzen

Nehmen wir die Bine. Die Bine ist eine Boxerhündin aus Herrn Lehmanns Dorf und eine ziemlich fesche noch dazu. Allerdings will sie immer Hip-Hop tanzen. Das ist des Herrn Lehmanns Sache nicht. Dafür ist er ein bisschen zu wurstig und auch schon ein bisschen zu alt. Außerdem sieht Hip-Hop mit O-Beinen blöd aus.

Das wiederum versteht die Bine nicht und rempelt den Herrn Lehmann immer an. Klar, dass der dann sauer wird. Und wenn der Herr Lehmann sauer wird, quetscht er sich zwischen Herrchens Beine und fängt an zu knurren. Das wiederum bringt das Herrchen in die Bredouille. Denn das Herrchen weiß nicht, ob die Bine weiß, dass nicht des Herrchens Beine knurren, sondern der Herr Lehmann. Das gibt dann immer ein schönes Gewusel um Herrchens Beine – bisher ist er aber zum Glück noch immer heil dort herausgekommen.

Zu Hause tanzt der Herr Lehmann aber schon gerne: um seinen Knochen oder um das Frauchen, wenn es einen Knochen in der Hand hat. Das sieht zwar doof aus, aber erstens sieht das außer dem Frauchen keiner und zweitens ist das eher ein Chasápikos – ein langsamer, ruhiger Tanz aus dem alten Konstantinopel und dort der Zunfttanz der Metzger und Schlachter. Also etwas, was auch Wursthunde in mittlerem Alter noch hinkriegen.

Die Sache mit dem Beton

Der Herr Lehmann ist unter die Bauleute gegangen. Im Garten wurde die Bodenplatte für sein Gartenhäuschen gegossen. Endlich.

Der Herr Lehmann überwachte diesen Vorgang ganz genau. Vertrauen ist gut, Kontrolle ist besser. Als alles fertig war, befürchtete er, dass sie etwas zu klein ausgefallen war. Deshalb musste er nachmessen. Der Herr Lehmann kam etwa bis zum geometrischen Mittelpunkt. Bis dorthin hatte es richtig Spaß gemacht, im weichen Beton rumzupanschen. Danach aber ging es nicht weiter. Blöde Sache.

Das Frauchen half. Es schnappte sich den Herrn Lehmann, und beide gingen baden. Das war schön, weil Frauchen sich und dem Herrn Lehmann das volle Programm mit waschen, legen und föhnen gönnte. Das Herrchen sahen sie erst am Abend wieder. Es hatte noch etwas an der Bodenplatte zu tun.

Diese Woche kommt das Gartenhaus. Da will der Herr Lehmann wieder mithelfen. Erstens muss er gucken, ob die Bodenplatte wirklich ausreichend groß ist, und zweitens bastelt er auch gern mit Holz. Er hofft, dass sich das Herrchen genauso darauf freut.

Der Klügere gibt nach

Für Rauhaardackel ist das jetzige ein wahres Mistwetter: Es ist zu heiß oder zu schwül oder beides zusammen. Beim Gassigehen herrschen auf Dackel-Niveau extrem höhere Temperaturen als rund um den Kopf des Herrchens. Das weiß jedes Kind und jeder Hund. Nur das Herrchen weiß es wohl nicht.

Der Herr Lehmann kommt außer Haus ganz schön ins Schwitzen. Und hat nach etwa 150 Metern keine Lust mehr, noch weiter durch Feld und Flur zu latschen. Aber das Herrchen schon. Es rennt einfach vorneweg, ohne sich um des Dackels Atemnot zu kümmern. Das findet der Herr Lehmann blöd. Er setzt sich dann irgendwo in den Schatten und wartet ab, was passiert. Meistens nicht viel. Ab und zu kommt ein Schmetterling vorbei oder es zirpt eine Grille. Auf die Dauer ist das auch nicht der Brüller. Viel kühler wird es dem Herrn Lehmann vom Rumsitzen auch nicht.

Und weil der Klügere nachgibt, trabt der Herr Lehmann dann irgendwann mal in Richtung Herrchen. Einmal rund um das Elxlebener Stadion bei gefühlten 37 Grad und auf ziemlich kurzen O-Beinen: mein lieber Herr Gesangsverein. Da verflucht der Herr Lehmann nicht nur das Herrchen, sondern auch sein Klügersein.

PS.: Das Frauchen ist übrigens noch schlauer als der Herr Lehmann. Es weigert sich schlichtweg, bei dieser Hitze mit Herrchen Gassi zu gehen.

220 Millionen Geruchszellen

Der Herr Lehmann hat 220 Millionen Geruchszellen in seiner Nase, das Herrchen nur vier Millionen. Das ist wissenschaftlich verbürgt. Beim Herrn Lehmann sind zehn Prozent seines Hirns nur dazu da, Leberwurst auch als Leberwurst zu identifizieren, beim Herrchen sehr viel weniger. Auch das ist wissenschaftlich belegt.

Der Herr Lehmann ist also sehr viel schneller in der Lage, ein dem Frauchen in der Küche gerade und ganz zufällig heruntergefallenes Stück Leberwurst zu orten – er ist auch jedes Mal sehr viel eher als das Herrchen da. Und pfeift dabei auf die Rangordnung, hat aber das Frauchen in solchen Fällen immer ganz doll lieb. Viel lieber jedenfalls als ohne Leberwurst.

Allerdings fragt sich das Herrchen, wozu die restlichen 90 Prozent von Herrn Lehmanns Gehirn eigentlich da sind. Oder ob sie überhaupt da sind. Denn der Herr Lehmann sitzt manchmal auch stundenlang vor dem Kühlschrank und wartet darauf, dass der ein Stück Leberwurst fallen lässt. Obwohl ihm das Herrchen schon tausendmal erklärt hat, dass ein Kühlschrank das nicht von alleine macht. Das Frauchen erklärt das wiederum damit, dass das Herrchen nicht gut erklären kann und dass man mehr als 90 Prozent Dackelhirn braucht, um etwas zu verstehen, was das Herrchen erklärt.

Frauchen muss es ja wissen.

Ein kleines bisschen verliebt

Herrn Lehmanns neue Freundin, die Boxerhündin Bine, hat hinten nur einen Stummel dran.

Nun freut sich die Bine immer halb tot, wenn sie den Herrn Lehmann am Gartenzaun trifft. Das beruht auf Gegenseitigkeit. Beide wackeln also heftigst mit ihren Schwänzen. Bei der Bine wackelt in Ermangelung eines solchen auch der ganze Po. Und wenn Frauen mit dem Po wackeln, wackelt meist auch alles andere. Das bringt den Herrn Lehmann dann immer etwas durcheinander.

Denn während er mit der Bine über den Dax, über Angela Merkel oder den Rettungsschirm der Europäischen Union reden will – alles Themen, über die Hunde am Gartenzaun eben so reden – wackelt die Bine nur rum. Sie hat wohl andere Sachen im Kopf. Oder nur die eine. Aber da kann ihr der Herr Lehmann nicht helfen. Er hat keine Eierchen mehr. Deshalb konzentriert er sich ja auch auf die Börse, die Bundeskanzlerin oder die Finanzhilfen.

Damit kann er aber bei der Bine nicht punkten. Die dreht irgendwann in Richtung Garten ab und lässt den Herrn Lehmann links liegen. Oder stehen. Der fühlt sich dann ein bisschen wie der Herr Guido Westerwelle. Wenn der redet, hört auch niemand zu. Den Rest des Weges ist der Herr Lehmann dann immer ganz still und leise.

Denn ein bisschen ist er schon in die Bine verliebt.

Die Sache mit dem Pool

Die Nachbarn unten rechts haben einen Pool. Der Herr Lehmann hätte auch gerne einen. Wie das Frauchen. Aber immer, wenn es darüber mit dem Herrchen redet, kriegt das einen Hörsturz. Jedenfalls sitzt der Herr Lehmann immer ganz andächtig auf seiner Terrasse, wenn unten rechts geplanscht wird. Und hört zu.

Der Herr Lehmann planscht nämlich auch gerne. Wenn er will. Beispielsweise im örtlichen Flüsschen. Da kriegt das Herrchen den Herrn Lehmann immer erst wieder raus, wenn es genauso nass ist wie er. Zu Hause bekommen dann beide einen Hörsturz. Weil das Frauchen sich über ihre Tapsen ärgert.

Der Herr Lehmann will manchmal aber auch nicht planschen. Etwa in der hauseigenen Wanne. Eine Wanne ist ja auch kein Pool. Und wenn einem dort das Fell geschrubbt wird, erst recht nicht.

Der Herr Lehmann baut in der Pool-Frage also ganz stark auf das Frauchen. Denn: Frauchen hat bis jetzt immer alles durchgesetzt, was es wollte.

Und wenn Frauchen einen Pool will …

Das Auto vom Papst

In drei Tagen kommt der Papst. Der Herr Lehmann hat ihn schon oft im Fernsehen gesehen. Auch in seinem Auto. So eins hätte er auch gerne.

Er würde darin immer Gassi fahren – respektive sich von Herrchen Gassi fahren lassen. Leibwächter sorgen für einen freien Weg, während der Herr Lehmann durch den Glaskasten seinen Kumpels huldvoll zulächelt. Das Winken fällt aus.

Dann wird kurz ausgestiegen, um alle protokollarischen Punkte des Gassigehens abzuhandeln, danach geht es im Auto wieder zurück bis vor die eigene Haustür. Alle anderen Hunde sind da noch auf dem Weg zu ihren Terminen. So stellt sich der Herr Lehmann den Himmel auf Erden vor. Oder das Paradies.

Der Herr Lehmann jedenfalls wird jetzt wieder am Fernseher kleben. Im Eichsfeld fährt der Papst etwa 800 Meter. Einfache Strecke. Das würde dem Herrn Lehmann schon völlig reichen. 800 Meter sind rund 4.000 Dackelschritte (1 Meter = 5 Dackelschritte, das Herrchen hat nachgezählt). Damit wäre der Herr Lehmann weit hinter dem Elxlebener Stadion, vorbei an Gemeindeverwaltung, Feuerwehr, Kindergarten und Sportverein. Nur der Fleischer liegt nicht auf der Route. Aber den könnte man ja vielleicht auf dem Rückweg kurz mitnehmen.

Allerdings: Frauchen ist griechisch-orthodox, Herrchen Atheist und der Draht zum Vatikan ein denkbar schlechter. Der Herr Lehmann wird also weiter laufen müssen. Aber träumen darf er ja wohl mal.

Ein besonderes Möbelstück

Neulich baute das Herrchen ein Ikea-Möbel auf. Das war toll. Denn auf einmal gab es da ganz viele interessante Sachen. Erstmal ordnete der Herr Lehmann die von Herrchen auf dem Boden zurechtgelegten 78 Teile des zu bauenden Schrankes neu. Dass man die auch fressen kann, stand zwar nicht in der Aufbauanleitung, wurde von Herrn Lehmann aber im Selbstversuch bewiesen. Es verschwanden ein Teil der Rückwand und ein paar Holzknubbel. Zwischendurch borgte sich der Herr Lehmann den Schraubenzieher und ein Scharnier. Letzteres fehlt bis heute. Den Schraubenzieher legte er unter die Couch, wo er erst abends wiedergefunden wurde.

Eine halbwegs handwerklich begabte Hausfrau Ende 50 braucht für den Aufbau eines solchen Möbels eine Stunde. Das Herrchen benötigte drei. Auch weil der Herr Lehmann mittendrin bereits erwähnte Aufbauanleitung vertilgte.

Jedenfalls: Das Ergebnis der drei Stunden befriedigte nicht wirklich, wurde von Frauchen aber trotzdem für würdig befunden, seinen Platz im Schlafzimmer einzunehmen. Auch weil Möbel ja immer Geschichten erzählen – dieses von Herrn Lehmanns tatkräftiger Hilfe.

Ausruhen vor dem Kamin

Der Herr Lehmann liebt seinen Kamin. Er liegt stundenlang davor, lässt sich das Fell wärmen und schaut verträumt in die Flammen. Das ist allemal besser als Musikantenstadl oder Germanys next Topmodel gucken. Sogar noch besser als die Sportschau. Und das will was heißen.

Der Herr Lehmann hilft dem Herrchen dafür auch beim Holzmachen. Das gerade Gehackte wird dabei von ihm in den hintersten Winkel des Gartens gebracht und dort noch kleiner gemacht. Kleiner als gebraucht. So klein, dass es sich nächstes Jahr vielleicht zum Mulchen eignet, aber nicht mehr zum Feuermachen.

Auch das Rausbringen der Asche findet der Herr Lehmann klasse. Kaum ist der Behälter auch nur halb aus der dafür vorgesehenen Halterung raus, schnaubt der Herr Lehmann kräftig in ihn rein. Das macht Spaß. Auch weil danach Herrn Lehmanns bester Freund – der Staubsauger – zum Einsatz kommt. Den jagt er dann samt Frauchen durch die ganze Wohnung. Herrchen verkrümelt sich derweil vorsichtshalber wieder zum Holzhacken.

Klar, dass man sich nach so viel Aufregung ausruhen muss. Und wo geht das besser – als vor dem Kamin?

Die Sache mit der Mathematik

Der Herr Lehmann gibt es zu: Mathe ist seine Sache nicht. Ein paar Kenntnisse sind vorhanden: So weiß der Herr Lehmann, dass ein durchgebissener Knochen gleich zwei sind und dass er höllisch aufpassen muss, dass das Herrchen nicht einen der beiden irgendwo versteckt. Das Herrchen macht öfter mal solchen Blödsinn.

Herr Lehmann weiß auch, dass dreimal Gassigehen mehr Spaß macht als nur zweimal Gassigehen. Deshalb weckt er die Familie manchmal mitten in der Nacht, weil er noch ein bisschen Spaß haben will.

Kompliziertere Rechnungen sind aber nichts für Herrn Lehmann. Was es zum Beispiel damit auf sich hat, dass ein Rauhaardackel in Sonneberg 50 Euro Hundesteuer im Jahr kostet, in Erfurt dagegen 108, das versteht der Herr Lehmann nicht. Rauhaardackel ist seiner Meinung nach Rauhaardackel, Stadt ist Stadt und Hundehaufen ist Hundehaufen. Wie die Damen und Herren Kämmerer in Erfurt auf die 108 und in Sonneberg auf 50 Euro kommen, das müsste dem Herrn Lehmann mal einer erklären.

Obwohl: Das ist wohl wirklich höhere Mathematik. Und da der Herr Lehmann schon mit drei Knochen restlos überfordert ist, will er es eigentlich gar nicht wissen. Und bezahlen muss das ja eh das Herrchen.

Die Oma der Frisöse

Einmal im Quartal muss der Herr Lehmann zum Frisör. Das ist blöd, weil er danach immer aussieht wie ein Nacktmull (Heterocephalus glaber) und sich doll schämt. Jedenfalls bis zum nächsten Bratwurststand. Dort ist das mit dem Schämen dann schnell vorbei, aber das ist eine andere Geschichte.

Bei Herrn Lehmanns Frisöse gibt es eine Katze. Die heißt Oma und hat die Ruhe weg. Oma sitzt immer mitten im Zimmer, während der Herr Lehmann in den Pausen zwischen waschen, legen, föhnen und schneiden einen Heidenzirkus um sie rum veranstaltet. Mit Purzelbäumen und sich die Seele aus dem Leib kläffen und so. Direkt vor ihrer Nase.

Die Oma reagiert aber nicht auf das ganze Tohuwabohu, sondern bleibt einfach still sitzen und denkt sich ihren Teil. Wahrscheinlich denkt sie genau das Richtige. Der Herr Lehmann wiederum dachte erst, dass sie was mit ihren Augen und/oder Ohren hat. Hat sie aber nicht. Der

Herr Lehmann war jedenfalls irgendwann von so viel Weisheit im Alter beeindruckt und legte sich neben sie. Und was macht Oma? Steht auf und geht. So hatte sich das der Herr Lehmann nicht gedacht.

Was blieb, war die Frisöse mit ihrer Schere. Und dann das große Schämen.

Frauen, Schuhe und Knochen

Rauhaardackel sind Frauen ähnlicher, als beide Seiten denken. Und vielleicht auch wahrhaben wollen. Zum Beispiel beim Knochen- und beim Schuhkauf. Bei Knochen gibt es wie bei Schuhen gute und schlechte, zu kleine (zu große Knochen gibt es nicht), zu weiche oder zu harte, Marken- und Ramschware, …

Die richtige Wahl des Knochens entscheidet über den Verlauf eines ganzen Tages, über die Laune, über das Wohlbefinden – schlichtweg über den Sinn des Lebens überhaupt.

Der Knochen- oder der Schuhkauf kann deshalb Stunden dauern. Und während Frauchen das 23. Paar Schuhe anprobiert oder der Herr Lehmann die 9. Knochentüte – die mit dem Pansengeschmack – beschnüffelt (das Probieren vor Ort ist ihm leider untersagt), schlendert das Herrchen zum 23. Mal am Handschuhregal des Schuhladens vorbei oder guckt in der Tierhandlung den Goldhamstern bei der Paarung zu. Zum Glück für das Herrchen haben Tierhandlungen immer gleich mehrere Goldhamster-Pärchen vorrätig und Schuhläden eine beachtliche Schuhsammlung.

Am allerliebsten hat es der Herr Lehmann dann zu Hause, seinen noch jungfräulichen Knochen in Frauchens nigelnagelneuen Schuh zu legen und beides zusammen gut durchzukauen. Nachdem ihr erster Ärger verraucht ist, partizipiert übrigens auch das Frauchen davon. Kann es doch gleich wieder neue Schuhe kaufen gehen.

Ein blöder November

Der Herr Lehmann kann mit diesem November rein gar nichts anfangen. Auf seinen Runden morgens und abends mit Herrchen ist es dunkel und kalt und meist neblig und feucht. Nachdem alles erledigt ist, was draußen so erledigt werden muss, kommt der Herr Lehmann dann immer in die Dusche. Weil: Aufgrund seiner niedrigen Bauweise hängt an ihm der halbe Wald und mindestens genauso viel Wiese, Weg und Feld. Die Dusche findet der Herr Lehmann blöd – er sagt das auch, aber keiner hört auf ihn. Wie immer. Also wird geduscht.

Im Garten ist derzeit auch nicht viel los. Vom Apfelbaum fallen ein paar Blätter – das war's. Nicht mal Katzen kann er dort jagen, weil die Katzen bei diesem Mistwetter augenscheinlich zu Hause bleiben. Nach dreieinhalb Minuten fallenden Blättern zugucken hat der Herr Lehmann auch davon die Nase voll. Gestrichen voll.

Der Herr Lehmann freut sich deshalb schon richtig auf den Winter: Schneeschippen mit Herrchen und dabei an der Schneeschippe hängen, von Frauchen die Eiszapfen vom Bauch geföhnt zu bekommen – nicht in der Wanne, sondern auf einem kuscheligen Handtuch, auf zugefrorenen Pfützen rumschlittern und dem Herrchen zugucken, wie es dort lustige Figuren dreht, sich in der Leine verheddert und dann Plautz macht.

Vor gut einem Jahr war es schon so weit. Nur: Die Vorfreude von Frauchen und Herrchen darauf scheint sich etwas in Grenzen zu halten. Der Herr Lehmann kann gar nicht verstehen, warum.

Frauchens Gartenpläne

Der Herr Lehmann gibt es zu: Rauhaardackel sind keine begnadeten Gärtner. Mit Grünzeug hat er nur insofern was am Hut, ob und wie es sich zum Rausreißen oder zum Dranpullern eignet.

Nun plant das Frauchen in ihrem (eigentlich aber in Herrn Lehmanns) Garten für nächstes Frühjahr das Anlegen diverser Beete. Das birgt Konfliktpotenzial. Denn der Herr Lehmann liebt seine Wiese. Und er liebt seinen Fußball. Vor allem aber liebt er es, seinen Fußball über seine Wiese zu jagen.

Beete stören da nur. Auf Fußballplätzen stehen ja auch keine Pelargonien im Strafraum oder Küchenkräuter im Mittelkreis rum. Allerdings hat der Herr Lehmann ganz schlechte Karten. In der Regel nickt das Herrchen zu allem, was das Frauchen so sagt. Wahrscheinlich, weil es den häuslichen Frieden erhalten will. Der Herr Lehmann steht mit seinen Bedenken also ziemlich alleine da. Und wohl bald auch im Beet.

Rausreißen ist keine Alternative, da das Frauchen auch für sein Fressen zuständig ist. Und Fressen kommt beim Herrn Lehmann ganz klar noch vor dem Fußballspielen.

Der Herr Lehmann wird sich also einschränken müssen. Rein fußballtechnisch gesehen. Statt langer Flankenbälle Kurzpassspiel zwischen Kräuterkümmel und Frittillaria imperalis. Das wird schwierig. Sollte es allerdings zum Schlimmsten kommen (Ball und/oder Herr Lehmann im Beet) hat er schon vorgesorgt. Und Asyl mit Vollpension bei den Eltern des Herrchens beantragt. Deren Zusage liegt zum Glück vor.

Wer rennt schneller?

Der Herr Lehmann muss es an dieser Stelle einmal sagen: »Mit dem Frauchen Gassi gehen macht viel mehr Spaß als mit dem Herrchen.«

Das Frauchen ist einfach viel toleranter. Zum Beispiel was die Länge der Leine angeht, die Schnupperpausen an Mauselöchern oder das Einfach-nur-mal-in-die-Luft-Gucken und den lieben Gott dabei einen guten Mann sein lassen.

Bei Herrchen muss alles erst ratzfatz gehen: das Kackern, das Pullern – und danach kommt dann ein ellenlanges Fitnessprogramm mit »Fuß«, »Komm« oder »Sitz«. Und ginge es nach dem Herrchen, dann müsste der Herr Lehmann zwischendurch auch noch einen Bären jagen. Nun sind Bären in Thüringen zum Glück (noch) recht selten, was dem Herrn Lehmann die Sache (noch) ungemein erleichtert.

Das Frauchen würde so was nie von Herrn Lehmann verlangen. Sie macht sich schon Sorgen, wenn sie unterwegs mal eine Katze treffen. Sorgen um den Herrn Lehmann – wohlgemerkt, nicht um die Katze.

Wenn der Herr Lehmann das Frauchen an der Leine hat, dann passt er aber schon ein bisschen mehr auf sie auf als auf das Herrchen. Schließlich könnte ja doch plötzlich mal ein Bär um die Ecke kommen. Bleibt abzuwarten, wer dann schneller rennt: der Bär, der Herr Lehmann und/oder das Frauchen? Oder alle drei?

Ach du schöne …

In Herrn Lehmanns Wohnzimmer steht seit Sonntag ein Baum – ein nadeliger. Und an ihm dran hängen lauter Sachen. Zum Beispiel glänzende Kugeln und Fäden – allesamt eigentlich recht gut zum Spielen geeignet.

Wenn der Herr Lehmann könnte, wie er wollte … – aber er darf nicht, wie er will. Das wurde ihm strengstens untersagt. Immer, wenn der Herr Lehmann an diesem Baum vorbeikommt – so etwa 176-mal am Tag – wirft er sehnsüchtige Blicke auf ihn. Auf dass so eine Kugel mal von ganz alleine runterfallen möge. Einmal geschah das dann auch. Der Herr Lehmann schwört bei den Gebeinen seiner Ahnen: Das passierte ohne sein Zutun. Als er dann aber in diesen glänzenden und rein zufällig heruntergefallenen Ball – denn für einen solchen hielt er die Kugel – reinbiss, gab es einen lauten Knall und selbiger löste sich in seine Einzelteile auf. Der Herr Lehmann saß dazwischen und kam aus dem Staunen gar nicht mehr raus.

Seitdem macht er einen großen Bogen um diesen Baum mit den Kugeln dran. Er ist ihm nicht geheuer, der Baum. Und die Kugeln auch nicht. Da helfen auch die heimeligen Lieder nichts, die Frauchen immer summt, wenn sie an dem Baum vorbeigeht (ebenfalls so etwa 176-mal am Tag). Der Herr Lehmann hofft nun, dass er Weihnachten einen richtigen Ball kriegt. So einen zum Reinbeißen und Rumschmeißen und so. Den können sie dann seinetwegen auch unter den Baum legen. Er holt ihn sich schon. Nadeln hin oder her.

Gans und Gänseleber

Gestern kaufte das Frauchen eine Gans. Beim Auspacken derselben saß der Herr Lehmann nicht wie sonst neben, sondern fast auf dem Frauchen drauf. Leider verschwand die Gans ganz schnell im Kühlschrank. Der Herr Lehmann saß noch einige Zeit vor ihm, aber der redet ja nicht mit ihm. Und rückt schon gar nichts raus. Jedenfalls nicht von alleine.

Frauchen hat dem Herrn Lehmann dann erklärt, dass die Gans für einen Feiertag bestimmt ist. Da dachte der Herr Lehmann noch, dass das auch für ihn ein Feiertag wird. Doch dann sagte das Frauchen, dass an diesem Feiertag die ganze Familie kommt und Gans isst. Da hatte sich das mit dem Feiertag für den Herrn Lehmann erledigt. Wenn die ganze Familie anrückt und über die Gans herfällt, bleibt für ihn nix übrig. Das kennt der Herr Lehmann noch von vor einem Jahr.

Aber Frauchen wäre ja nicht Frauchen, wenn sie nicht auch für den Herrn Lehmann etwas eingekauft hätte. Nämlich eine Tüte Gänseleber. Beim Auspacken derselben fiel dem Frauchen ein Stück runter. Ganz zufällig. Das war für den Herrn Lehmann wie ein vorweggenommener Feiertag. Er machte danach auch noch den Küchenboden sauber. Freiwillig und ganz gründlich.

Nun sitzt der Herr Lehmann vor dem Kühlschrank und bewacht beides. Die Gans und die Gänseleber. Der Herr Lehmann hat das Frauchen übrigens ganz doll lieb. Jedenfalls erstmal bis zum Feiertag, an dem es Gans und Gänseleber gibt. Danach sehen wir weiter.

Weihnachten

Diese besinnliche Vorweihnachtszeit hat was. Das Herrchen brüllt den Herrn Lehmann nicht mehr mit »Komm!« an, sondern säuselt: »Ja – wo bleibt denn mein lieber, kleiner Dackel?«. Und Frauchen fallen beim Plätzchenbacken jede Menge Rosinen und Erdnüsse runter. So viele, dass sie dem Herrn Lehmann schon fast aus den Ohren rauskommen. Und das will was heißen.

Am Samstag soll es dann ja auch Geschenke geben. Der Herr Lehmann hat schon das ganze Haus nach ihnen abgesucht. Aber außer ein paar Staubflusen unter dem Sofa und einem nigelnagelneuen Laptop in buntem Papier verpackt hinterm Schrank in Herrchens Arbeitszimmer hat er nichts gefunden. Die Staubflusen ließ er, wo sie sind. Den Laptop samt Verpackung schleppte er zum Frauchen. Das freute sich auch ganz doll. Das bunte Papier durfte der Herr Lehmann behalten und nach Herzenslust zerreißen. Herrchens Freude hielt sich abends dann etwas in Grenzen, weil es nun noch schnell ein neues Geschenk für das Frauchen brauchte.

Außerdem will sich der Herr Lehmann an den Feiertagen noch ein bisschen Winterspeck anfressen. Da ist noch etwas Platz neben den ganzen Rosinen und Erdnüssen. Und wenn das Herrchen dann unbedingt Gassi gehen will, dann kann es das ja seinetwegen machen. Alleine. Schließlich hat der Herr Lehmann Feiertag(e).

Silvester

Nun gut: Samstagnacht kracht und knallt es also wieder mächtig gewaltig. Mal zum besseren Verständnis: Der Herr Lehmann hört viel, viel besser als Menschen. Vor allem, wenn Frauchen seinen Fressnapf aus dem Schrank holt. Er hört sie auch, wenn sie mit den Einkaufstüten noch mindestens zehn Meter von der geschlossenen Haustür entfernt ist. Wenn das Herrchen »Komm« oder »Sitz« ruft, dann hört der Herr Lehmann auf einmal irgendwie ganz schlecht, aber das ist eine andere Geschichte.

Samstagnacht wird also wieder geballert, was das Zeug hält. Für den Herrn Lehmann ist das dann ungefähr genauso wie für eine Hausfrau, in deren Küche gerade eine Boeing einparkt. Also ein bisschen laut.

Der Herr Lehmann denkt Silvester immer, dass die mongolische oder irgendeine andere Armee seinen Garten angreift. Obwohl Herrchen ihm schon tausendmal erklärt hat, dass die Mongolen und auch die anderen derzeit weiß Gott genug eigene Probleme haben, die nichts mit Herrn Lehmanns Garten zu tun haben. Das ist dem Herrn Lehmann aber völlig egal. Er verteidigt Haus, Hof und Garten: mit Bellen, Knurren, Purzelbäumen und einem Heidenzirkus. Und er hat Erfolg. Nach ein paar Stunden sind die Mongolen und/oder die anderen allesamt vertrieben.

Am Neujahrsmorgen gucken sich der Herr Lehmann und das Herrchen dann gemeinsam das Schlachtfeld an. Herr Lehmann macht dabei den einen oder anderen Knallkörper noch einmal richtig tot und bringt dem Frauchen einen mit. Um sich und ihr seinen nächtlichen Sieg zu beweisen.

Ein schöner Jahresanfang.

Frauchen unterm Bett

Das Frauchen gehört rein statistisch gesehen zu jenen acht Prozent der Bevölkerung, die zwischen Weihnachten und Neujahr ihre Steuererklärung in Angriff nehmen. Und der Herr Lehmann hilft ihr da. Denn zur Steuererklärung gehören ja auch jede Menge Zettel. Und wenn der Platz auf den Tischen nicht mehr ausreicht, dann legt das Frauchen sie auf den Boden. Der Herr Lehmann legt diese Zettel dann immer woanders hin. Meist weiß er nach ein paar Augenblicken schon nicht mehr, welchen Zettel er nun wohin gelegt hat, sodass auch nachdrückliche Nachfragen des Frauchens diesbezüglich fruchtlos bleiben.

Meist fängt das Frauchen dann an zu suchen. Auch dabei hilft ihr der Herr Lehmann. Ohne recht zu wissen, was das Frauchen da unter dem Bett nun eigentlich zu finden hofft. Leckerlis können es nicht sein, die hätte der Herr Lehmann schon selbst gefunden. Er zwickt und knufft sie deshalb auch ein bisschen, was ihre Laune nicht gerade verbessert.

Irgendwann schickt das Frauchen den Herrn Lehmann dann in sein Körbchen – nach ein paar Minuten angeregter Diskussion trollt sich der Herr Lehmann auch dorthin. Und bettet sein Haupt auf genau jene Handwerker-Rechnung, die das Frauchen unter ihrem Bett zu finden hofft.

Auch deshalb wird es wohl mit ihrer Steuererklärung mal wieder bis kurz vor dem offiziellen Abgabetermin dauern. Wie bei so vielen anderen auch.

Mutter, Oma und Schwiegermutter

Der Höhepunkt des Jahres für den Herrn Lehmann? Das war unbestritten der Besuch seiner Mutter und seiner Oma. Der Herr Lehmann benahm sich wie ein folgsamer Sohn und liebender Enkel. Herrchen und Frauchen staunten. So kennen sie ihn gar nicht. Mutter durfte sogar Herrn Lehmanns Knochen kauen und Oma ihre Nase in seinen Fressnapf stecken. Ohne dass es Verletzte gab.

Verletzte gab es beim zweiten Besuch: dem der Schwiegermutter des Herrchens. Die setzte sich dummerweise auf Herrn Lehmanns Decke auf dem Sofa – natürlich gab es Krach deswegen. Die Schwiegermutter lobte danach die netten Ärzte von der Notfallaufnahme des Krankenhauses und machte ansonsten einen großen Bogen um den Herrn Lehmann. Wegen dieses Vorfalls hat der Herr Lehmann keine Eierchen mehr an sich dran und kein Testosteron in sich drin. Macht aber nix. Zähne zeigen kann er noch. An seinem Gebiss wurde ja nicht rumgeschnippelt.

Dann war da noch der Aufbau der Gartenlaube. Der Herr Lehmann half mit. Er sortierte die Teile und bearbeitete sie auch gleich ein bisschen. Selbst die Profis – die Herrchen nach zwei Tagen auf Bitte des Frauchens holte – kamen ins Grübeln. Nach drei Tagen stand die Hütte endlich, und der Herr Lehmann war schon ein wenig stolz auf seinen Beitrag dazu. Und 2012? Frauchen und Herrchen haben sich schon damit abgefunden, dass der Herr Lehmann so bleibt wie er ist: rauhaardackelig.

Es fehlt was

Okay – ein richtiger Schlittenhund war der Herr Lehmann noch nie. Er ist es nicht, und er wird es auch nicht werden. Dafür ist er einfach nicht gebaut. Und der letzte Winter war ja auch ein bisschen krass, weil da die Schneeuntergrenze oft über seiner Obergrenze lag. Manchmal war der Herr Lehmann einfach nicht mehr da und das Herrchen musste ihn aus dem ganzen weißen Schlamassel befreien. Was es auch immer tat.

Aber im Gegensatz zum Frauchen – das ganz gut ohne Winter auskommen kann – fehlt dem Herrn Lehmann der Schnee schon ein wenig. Weil: Er spielt so gerne Schneepflug. Und er fand es auch ganz lustig, wenn das Herrchen beim Versuch, ihn da wieder rauszuholen, plötzlich auf Augenhöhe mit ihm war. Da wurde sich dann erstmal ein bisschen gekabbelt und gerauft – Sieger nach Punkten war dabei oft der Dackel.

Außerdem musste der Herr Lehmann letzten Winter nicht immer stundenlang spazieren gehen, weil auch das Herrchen ziemlich schnell fix und fertig war. Ohne Schnee werden jetzt riesengroße Runden gedreht. Am Sonntag zum Beispiel von Elxleben bis fast nach Alkersleben, über Feldwege nach Kirchheim, durch Kirchheim durch und wieder zurück nach Elxleben. Das läppert sich. Jedenfalls auf Dackelbeinen.

Aber vielleicht schneit es ja doch noch. Dann geht es nur noch bis kurz hinter den Sportplatz, dort hat man ein bisschen Spaß und dann schnell wieder zurück vor den prasselnden Kamin. Das wäre schön.

Guter 49. Platz

Es gibt eine Rangliste der intelligentesten Hunde. Das Herrchen hat den Herrn Lehmann darüber gestern beim Gassigehen informiert. Rauhaardackel rangieren dort auf Platz 49.

Vor dem Herrn Lehmann sind noch solche Intelligenzbestien wie der Elchhund (Platz 36) oder der Deerhound Escocés (47.) platziert. Der Herr Lehmann hat noch nie einen Elchhund getroffen, auch der andere ist ihm gänzlich unbekannt. Er kann sich also zu deren Intellekt nicht äußern.

Den Herrn Lehmann tröstet es aber ein wenig, dass er Malamuten (50.), Piccolo Levriero Italiano (60.) oder Montaña de los Pirineos (64.) doch noch hinter sich gelassen hat. Auch wenn er deren Namen nicht aussprechen kann. Allerdings: Neulich sah der Herr Lehmann, wie der Herr Hundeversteher Rütter im Fernsehen einen Test machte. Er ließ einen Spielzeuglaster voll duftender Buletten an Hunden vorbeifahren, die währenddessen ganz ruhig sitzen bleiben mussten. Das soll intelligent sein? Da pfeift der Herr Lehmann drauf.

Er hätte sich spätestens nach anderthalb Sekunden auf die Buletten gestürzt. Und den Laster gleich mit zerlegt. Intelligenz hin oder her. Insofern kann der Herr Lehmann mit Platz 49 sehr gut leben. Jedenfalls solange, wie jeder zufällig vorbeikommende Buletten-Laster seiner ist.

PS.: Der Herr Lehmann hat nichts gegen die angesprochenen Hunderassen. Er hat auch nichts gegen deren Herrchen und Frauchen. Und überhaupt: Verantwortlich im Sinne des Pressegesetzes ist hier einzig und alleine das Herrchen.

Facebook und so

Mit den ganzen modernen Sachen hat es der Herr Lehmann nicht so. Bei Facebook ist er nicht angemeldet. Er will gar nicht wissen, ob sein Hundekumpel drei Dörfer weiter gerade mal wieder verliebt ist oder nicht. Ein Smartphone besitzt der Herr Lehmann auch nicht. Was nützt ihm die schönste Knochen-App, wenn er da nicht reinbeißen darf?

Ganz verweigert sich der Herr Lehmann neuen Geräten aber nicht. Wenn das Frauchen zum Beispiel im neu gekauften Herd Lamm macht, dann kennt der Herr Lehmann nichts. Dann sitzt er stundenlang davor. Jedenfalls so lange, wie das Lamm da drin ist. Der neue Herd hat so ein schönes großes Fenster, und der Herr Lehmann kann alle Garstufen ganz genau verfolgen. Da kann draußen die Welt untergehen oder der Postbote klingeln. Der Herr Lehmann guckt Lamm im Herd.

Übrigens: Das Frauchen hat jetzt auch so ein Smartphone. Das redet mit ihr – sogar mit der ihr ganz eigenen Stimme. Das redet auch mit dem Herrn Lehmann. Der Herr Lehmann guckt dann immer ganz verdutzt, wenn aus Frauchens Tasche plötzlich Frauchens Stimme kommt, obwohl Frauchen gar nicht in der Nähe ist. Er geht dann immer vorsichtshalber auf seine Decke. Es könnte ja sein, dass Frauchen sich in ihrer Tasche versteckt hat. Hat sie aber nicht, aber das kann der Herr Lehmann ja nicht wissen.

Das Herrchen ist dann immer ganz stolz auf den Dackel, weil der auch bei Frauchen so brav auf seiner Decke sitzt. Das Herrchen hat auch keine Ahnung von Facebook oder Smartphones.

Der Sammy darf viel mehr

In der Redaktion gibt es noch einen Hund. Den Sammy. Der Sammy ist schon ein Opa und ein ganz Ruhiger und Lieber. Er lag auch schon mal unter dem verlagseigenen Schreibtisch seines Herrchens, ohne dass jemand von den anderen Zeitungsschreibern überhaupt gemerkt hat, dass der Sammy da ist.

Der Herr Lehmann darf das noch nicht. Weil der Herr stellvertretende Chefredakteur das sofort merken würde und dann ziemlich viel mit Sachen zu tun hätte, die nichts mit Zeitung machen zu tun haben. Mit zerkauten Gesundheitslatschen aus der Wirtschaftsredaktion zum Beispiel.

Oder mit einer aufgedröselten Rolle Toilettenpapier unter dem Konferenztisch. Oder mit den verschwundenen Notizen aus dem untersten Fach vom Rollschrank des Herrn Goldberg, was dann allerdings doch etwas mit Zeitung machen zu tun hätte.

Vielleicht wird der Herr Lehmann aber ja doch mal mitgebracht. Damit er vom Sammy lernen kann, wie sich ein Redaktionshund zu benehmen hat. Vorsichtshalber wird das aber erst dann passieren, wenn der Herr stellvertretende Chefredakteur mal frei hat. Besser ist besser. Für das Herrchen und vielleicht auch für den Herrn Lehmann.

Eiskalte Pfoten

Minus 17 Grad Celsius früh um halb sieben – auf Dackelniveau sind das gefühlte minus 25 Grad. Da jagt man eigentlich keinen Hund vor die Tür. Das Herrchen aber schon. Das zieht sich dafür ja auch drei Lagen Fell an, während der Herr Lehmann mit seinem einen Fell auskommen muss.

Normalerweise lässt sich der Herr Lehmann auf seiner morgendlichen Runde immer alle Zeit der Welt, bevor er ans Wesentliche geht. Er schnüffelt dort ein bisschen rum, guckt da ein wenig nach dem Rechten und kontrolliert jeden Grashalm ganz genau. Das fällt bei minus 17 Grad Celsius früh um halb sieben aus. Der Herr Lehmann ist ein Rauhaardackel, ein deutscher. Und kein sibirischer Husky.

Kaum ist er auf dem Feldweg – dem vereisten – wird an dessen Rand alles erledigt, was dort so zu erledigen ist. Und dann bleibt er stehen, hebt eine seiner gefrorenen Pfoten und guckt das Herrchen vorwurfsvoll an. Das zieht. Das Herrchen bekommt ein schlechtes Gewissen und nimmt den Herrn Lehmann manchmal sogar auf den Arm. Das ist schön, denn dann hat der Herr Lehmann einen viel besseren Blick auf die gefrorenen Grashalme und so.

Zu Hause kuschelt sich der Herr Lehmann dann immer erstmal an das Frauchen. Das ist schön warm, weil es ja zu Hause bleiben durfte. Das Herrchen darf erst nach dem Herrn Lehmann mit dem Frauchen kuscheln. Strafe muss sein.

Die Bine und die Emma

Herr Lehmanns heimliche Liebe – die Boxerhündin Bine – hat jetzt eine Freundin, die Emma. Die Emma ist auch eine Boxerin – eine kleine, sie wohnt von nun ab bei der Bine. Und seitdem schaut die Bine den Herrn Lehmann nicht mal mehr mit dem Arsch an, mit ihrem schönen.

Nun hat der Herr Lehmann nichts gegen gleichgeschlechtliche Lebenspartnerschaften. Egal, ob eingetragen oder nicht. Wirklich nicht. Ihm ist völlig egal, wer mit wem, weshalb und warum. Er bittet sich nur etwas Respekt aus. Respekt, der einem Rauhaardackel seiner Meinung nach gebührt.

Als die Emma noch nicht da war, da war der Herr Lehmann der Bine ja auch gut genug. Sogar seine Leckerlis hat er mit ihr geteilt. Und das will was heißen. Der Herr Lehmann hat nichts gegen die Emma. Vielleicht verliebt er sich ja auch in sie, wenn sie einmal groß ist. Dann hat er eben beide lieb – die Bine und die Emma. Das wäre gar nicht so schlecht. Jedenfalls nicht so schlecht für Herrn Lehmann.

Momentan befriedigt ihn der Zustand jedenfalls überhaupt nicht. Für die Bine ist er Luft und die Emma hat nur Augen für die Bine. Hier besteht Klärungsbedarf. Das Herrchen ist ihm da momentan auch keine große Hilfe. Das steht nur daneben und hält sich raus. Also muss es der Herr Lehmann wohl alleine richten. Er weiß nur noch nicht so richtig, wie.

Mülltonne, Traktor und Kuh

Okay: Der Herr Lehmann ist nicht der Größte. Aber wie alle Kleinen will er gerne der Größte sein. Immer und überall. Manchmal leidet er dabei an einer – sagen wir – gewissen Art von Selbstüberschätzung.

Mülltonnen zum Beispiel sind eindeutig größer als ein Rauhaardackel. Steht nun eine solche Mülltonne dort, wo sie gestern Abend eventuell noch nicht gestanden hat, dann wird sie angeknurrt. Zum Glück knurren Mülltonnen nicht zurück, weil das dann ein schönes Theater gäbe.

Traktoren mit oder ohne Hänger sind noch größer als Mülltonnen. Das macht dem Herrn Lehmann aber nichts. Er kann sie nicht leiden. Die gehören nicht auf den Feldweg, den der Herr Lehmann gerade benutzt. Zum Glück sind Traktoren mit oder ohne Hänger kluge Tiere. Sie weichen jeglichem Streit aus und fahren meist schnell weiter.

Eine Kuh liegt – rein größentechnisch gesehen – fast genau in der Mitte zwischen Mülltonne und Traktor. Der Herr Lehmann zog daraus den falschen Schluss, auch einer solchen seine gefühlte Größe beweisen zu wollen. Kurz vor der Kuh machte die aber »Muh«. Ziemlich laut. Herrn Lehmanns Ohren flogen nach hinten. So war er noch nie angebrüllt worden. Zum Glück war das Herrchen in der Nähe, hinter dem er sich wegen dessen Größe erst mal verstecken konnte. Klein sein hat eben auch Vorteile.

Besuch beim Onkel Doktor

Der Herr Lehmann muss nun also auch zum Tierarzt. Er braucht so einen Chip. Damit ihm dann irgendjemand irgendwo mit irgendeinem elektronischen Dingsbums über die Haut fahren kann und ihm sagt, wer er ist. Als ob der Herr Lehmann das nicht selber wüsste.

Aber gut. Der Herr Lehmann ist wahrscheinlich der einzige Dackel auf der Welt, der immer ganz freudig erregt und deshalb schwanzwedelnd in eine Tierarztpraxis rennt. Erst auf dem Metalltisch des Onkel Doktors merkt er dann langsam, dass hier irgendetwas in die völlig falsche Richtung läuft. Kommt es hier auch noch zum Äußersten – beispielsweise zu einer Spritze – ist das Gejaule groß. Davor, dabei und danach. So groß, dass sich im Warteraum Besitzer besorgt über ihre Hunde beugen und die Hunde besorgt zu ihren Besitzern gucken.

Beim letzten Tierarztbesuch ging es ausnahmsweise mal ohne Spritze ab. Dafür bekam der Herr Lehmann eine Halskrause aus Plaste, mit der er zu Hause eine Woche lang gegen jedes Möbelstück rannte, das dort rumstand. Und dort stehen einige Möbel herum. Allerdings bekam er von der Tierarztschwester auch ein Leckerli. Wahrscheinlich rennt er deshalb jetzt wieder schwanzwedelnd dorthin. Bis er die riesengroße Spritze mit dem Chip drin sieht.

Bratwürste und Kinderstube

Wenn der Herr Lehmann sein Fressen kriegt, dann vergisst er seine gute Kinderstube und auch alles, was damit zusammenhängt. Wir unterstellen einfach mal, er hatte eine. Innerhalb von höchstens 20 Sekunden ist die Tagesration vertilgt. Völlig egal, ob es sich dabei um lecker Schweinebraten, ökologisch korrekt angebaute Möhren oder stinknormales Trockenfutter handelt.

Man könnte dem Herrn Lehmann auch das Fünf-Gänge-Menü eines preisgekrönten Sternekochs vorsetzen, er würde es quasi einatmen. Ratzfatz wären alle fünf Teller leer und auch noch beidseitig sauber geleckt. Samt dem Sternekoch, wenn der in der Nähe wäre.

Frauchen sagt immer, der Herr Lehmann würde sie für eine Bratwurst verkaufen und verraten. Der Herr Lehmann widerspricht dem Frauchen nur äußerst ungern, aber: Eine halbe Bratwurst würde es auch tun. Notfalls jedenfalls.

Eine halbe Stunde nach der halben Bratwurst würde dann allerdings das große Nachdenken einsetzen. Und das große Jaulen. Und die ganz große Sehnsucht nach dem Frauchen. Das wurde alles schon mal durchexerziert, als der Herr Lehmann nur mal kurz bei den Eltern des Herrchens geparkt wurde.

Zu Hause war der Herr Lehmann danach der liebste Dackel auf der ganzen Welt. Mit einer Kinderstube vom Feinsten. Jedenfalls bis zum nächsten Fressen.

Viel zu viele Bäume

Neulich war der Herr Lehmann mit dem Herrchen im Wald. In einem richtigen. Ganz unten in Thüringen und ganz oben. Also im Thüringer Wald. Jedenfalls gibt es dort mehr Bäume als in den kleinen Wäldchen bei sich zu Hause rund um Elxleben.

Das Herrchen und der Herr Lehmann stromerten dort viel herum. Mal versteckte sich das Herrchen hinter den Bäumen, mal der Herr Lehmann. Der Herr Lehmann fand das Herrchen immer ganz schnell wieder. Wenn er wollte. Andersrum gab es schon einiges Gebrüll mit »Komm«, »Hier« und »Wo steckt der blöde Köter jetzt schon wieder?«.

Anfangs pullerte der Herr Lehmann auch noch an fast jeden Baum, an dem er vorbei kam. Doch da es dort sehr viele von ihnen gibt, hat er dann damit aufgehört. Er war quasi alle. Anfangs war der Herr Lehmann auch noch ziemlich neugierig, was sich wohl hinter jedem einzelnen Baum versteckt. Bis er merkte: mindestens noch zwei weitere. Überhaupt war es nach zwei Stunden im Wald ziemlich anstrengend. Das Herrchen verschwand immer noch hinter den Bäumen und der Herr Lehmann versuchte hinterherzukommen. Auch ohne Herrchens Gebrüll. Das ist mit Rauhaardackel-Beinen gar nicht so einfach und schlaucht auf die Dauer ganz schön.

Jedenfalls war der Herr Lehmann ganz schön froh, als der Wald dann endlich mal zu Ende war. Und er hat jetzt seine Feldwege rund um Elxleben richtig doll lieb. Da hat er das Herrchen immer gut im Blick, wenn es mal wieder Blödsinn macht.

Frauchen und der Frauentag

Nein – der Herr Lehmann hat den Frauentag in der letzten Woche nicht vergessen. Gleich morgens brachte er dem Frauchen seinen Knochen – er war mit ihm noch vor ihr im Bad. Gewürdigt wurde dieser größtmögliche Liebesbeweis seinerseits allerdings nicht so richtig. Erst flog der Herr Lehmann aus dem Bad raus und kurz danach der Knochen.

Abends wollte der Herr Lehmann das Frauchen dann noch ein bisschen weiter bespaßen. Er tanzte um sie rum, half ihr beim Auspacken der Einkaufstüte und schob ihr seinen (natürlich leer gefressenen) Napf quer durch die ganze Wohnung hinterher. Das Frauchen war aber irgendwie nicht so richtig in Feiertagslaune. Jedenfalls ignorierte sie auch den Napf – bis sie in ihn reintrat. Über den Herrn Lehmann brach ein fürchterliches und ganz unfeierliches Donnerwetter herein.

Jedenfalls war er richtig froh, als das Herrchen nach Hause kam und mit ihm Gassi ging. Beide machten vorsorglich eine etwas größere Runde. Nun überlegt der Herr Lehmann, ob er am nächsten Frauentag dem Frauchen einen Frühblüher besorgt. Aus ihrem Garten. Er befürchtet allerdings, dass es dann ein noch größeres Donnerwetter gibt. Das Herrchen hat das letztes Jahr gemacht – und der Herr Lehmann war damals mit ihm noch etwas länger unterwegs gewesen als dieses Jahr.

Die Sache mit den Pferden

Manchmal kommt der Herr Lehmann auf seinen Runden mit dem Herrchen auch an ein paar Pferdekoppeln vorbei. Das ist klasse. Denn da gibt es einen Schimmel, den mag der Herr Lehmann. Der guckt den Herrn Lehmann immer nur kurz an, befindet ihn wohl für ungefährlich und lässt den Dackel einen Dackel sein. Der Herr Lehmann setzt sich dann immer zu ihm hin und guckt ihm beim Grasen zu. Zu Hause im Garten macht er das dann immer nach, aber irgendwie schmeckt das nicht so gut wie Leberwurst.

Das braune Pferd auf der Wiese daneben ist allerdings schon ein anderes Kaliber. Das senkt immer recht bedrohlich den Kopf, wenn es den Herrn Lehmann sieht. Und schnaubt. Der Herr Lehmann schnaubt dann zwar auch, aber das beeindruckt den Braunen irgendwie gar nicht. Vorsichtshalber läuft der Herr Lehmann jetzt immer ganz links außen auf dem Feldweg an ihm vorbei. Man weiß ja nie, was einem Pferd gerade so durch den Kopf geht.

Ab und zu kommt dem Herrn Lehmann auf diesen Spaziergängen auch ein Pferd entgegen. Mit seinem Frauchen oder Herrchen auf dem Rücken drauf. Da ist der Herr Lehmann dann immer ganz perplex. Er schaut sich das ganz genau an und guckt sofort das Herrchen an. Und zwar mit einem Blick, der sagt: »Mit mir nicht!«

Die Sache mit der Zeit

Sonntagmorgen staunte der Herr Lehmann nicht schlecht. Da stand dass Herrchen plötzlich und fast noch zu nachtschlafender Zeit vor seinem Körbchen und wollte mit ihm Gassi gehen. Der Herr Lehmann befand sich noch im Tiefschlaf. Er wuselte erst mal seinen Kopf unter seinem Bauch hervor, machte eines seiner beiden Augen auf, guckte damit das Herrchen an und machte sein eines Auge sofort wieder zu. Der Kopf verschwand zwischen den Pfoten und das Herrchen schloss daraus, dass es wohl alleine Gassi gehen soll – wenn es das denn unbedingt und sofort tun will.

Normalerweise weckt der Herr Lehmann ja die Familie. Er hat eine innere Uhr dafür, eine eigene. Er hat auch für fressen und spielen eine innere Uhr. Deren Zeiten sind für ihn verbindlich – und somit auch für den Rest der Familie. Jedenfalls meistens.

Sonntagmorgen nun – der Herr Lehmann begleitete das Herrchen dann doch noch auf der morgendlichen Runde, er kann es ja schlecht alleine losschicken – wurde ihm erklärt, dass die Menschen manchmal an der Zeit drehen. Das findet der Herr Lehmann doof. Vor allem, weil ihm Sonntagabend plötzlich eine ganze Stunde fehlte. Der Herr Lehmann war noch vor den Tagesthemen im Bett. Und damit auch noch vor dem vorläufigen amtlichen Wahlergebnis aus dem Saarland. Nicht, dass ihn das sonderlich interessiert hätte, aber der Herr Lehmann verzichtete sogar auf sein allabendliches Betthupferl. Und das gab es eigentlich so gut wie noch nie.

Der Besuch der Schwiegermutter

Morgen kommt die Mutti vom Frauchen zu Besuch. Also die Frau Schwiegermutter des Herrchens. Zur Erinnerung: Bei deren letztem Aufenthalt gab es einen kleinen Krach zwischen ihr und dem Herrn Lehmann, weil sie sich einfach in seine Ecke des Sofas gesetzt hatte. Die Schwiegermama lernte daraufhin mit ihrer etwas lädierten Hand das Katholische Krankenhaus in Erfurt mal von innen kennen. Und der Herr Lehmann darf seitdem nicht mehr aufs Sofa. Auch nicht, wenn überhaupt keine Schwiegermutter in der Nähe ist.

Das Frauchen hat nun für den erneuten Besuch ihrer Mutter einen Benimm-Katalog erstellt. Hier nur ein Auszug: Der Herr Lehmann muss mit seinem Knochen immer auf seiner Decke bleiben, Herrchen darf beim Einkaufsbummel nicht drängeln. Für den Herrn Lehmann ist das Gästezimmer tabu, Herrchen hat morgens drei Tassen Kaffee zu kochen. Der Herr Lehmann bekommt richtig Ärger, wenn er knurrt, das Herrchen auch. Der Herr Lehmann darf die Frau Schwiegermutter nicht mal schräg angucken, das Herrchen auch nicht.

Der liebe Besuch will übrigens 14 Tage bleiben. Der Herr Lehmann und das Herrchen freuen sich ganz doll darüber. Wirklich. Ehrlich.

Freude auf die Schlafcouch

Die gute Nachricht zuerst: Der Besuch von Herrchens Schwiegermutter in Herrn Lehmanns Haus verläuft recht harmonisch. Bis jetzt jedenfalls.

Doch es gibt auch Irritationen. Das Frauchen und ihre Mutter sprechen oft griechisch miteinander. Weil beide Griechinnen sind.

Der Herr Lehmann ist es nicht. Und er versteht deshalb genauso viel wie das Herrchen. Nämlich gar nichts. Vorsichtshalber setzt er sich aber immer hin, wenn die beiden miteinander reden. Es könnte dabei ja auch um Leberwurststullen gehen. Geht es aber meistens nicht, was für eine gewisse Enttäuschung sorgt. Beim Herrn Lehmann und beim Herrchen.

Außerdem ist immer rund um die Uhr was los, seit Schwiegermutti da ist. Da wird geräumt, gemacht und getan – und mittendrin der Herr Lehmann. Weil: Er muss ja gucken, was da alles so geräumt, gemacht und getan wird. Und das möglichst in jedem Zimmer gleichzeitig. Das strengt an. An Schlaf ist – wenn überhaupt – erst ganz spät abends zu denken. Allerdings nicht auf der nigelnagelneuen Schlafcouch. Dort darf nur die Schwiegermutter liegen. Der Herr Lehmann hat striktes Couchverbot, damit er sich mit ihr nicht um die bessere Seite streitet.

Frauchens Mutter bleibt noch bis Freitag. Dann wird der Herr Lehmann erst mal schlafen. Ganz lange und ganz quer auf der Schlafcouch, der neuen.

Auf ein Wort, Herr Kümmel

Neulich behauptete der Herr Kümmel – ein Hundepädagoge aus Weimar – in dieser Zeitung, dass jeder Hund plötzlich und überhaupt auf jeden Befehl und vor allem auf ein Abbruchkommando reagieren muss.

Der Herr Lehmann findet das – gelinde gesagt – blödsinnig. Erstens: Was ist eigentlich ein Abbruchbefehl? Und zweitens: Selbst wenn der Herr Lehmann schon mal von einem solchen gehört hätte, wenn Sie, werter Herr Kümmel, morgen Abend das Champions-League-Halbfinal-Rückspiel gucken – es steht 2:1 für Real in der 119. Minute, also noch genau eine Minute bis zum Elfmeterschießen – und ihre Frau ruft »Pfui«, machen Sie dann sofort den Fernseher aus?

Wenn der Herr Lehmann seinen Kopf in ein Mäuseloch steckt, da kann das Herrchen noch so laut brüllen, der Kopf bleibt dort drin. Jedenfalls bis sich der Herr Lehmann überzeugt hat, dass die Maus wirklich zu weit unten im Loch sitzt. Und wenn dem Frauchen in der Küche eine halbe Salami herunterfällt, dann wird die gefressen. Abbruchbefehl hin oder her.

Dass das Herrchen abends kein Salamibrot mehr bekommt, interessiert den Herrn Lehmann nur insofern, weil das Herrchen dann schlechte Laune kriegt. Der Herr Lehmann muss mit ihm dann in den Garten und Befehle üben. Er tut dort auch wie befohlen. Jedenfalls so ungefähr drei Minuten lang. Danach: Siehe oben.

Die Sache mit dem Federvieh

Seit ein paar Tagen schwimmen auf dem Feuerwehrteich in Herrn Lehmanns Dorf ein paar Enten rum. Immer gleich viele und immer an der gleichen Stelle. Als der Herr Lehmann sie entdeckte, gab es ein großes Tohuwabohu. Von Seiten des Herrn Lehmann. Die Enten gaben keinen Ton von sich.

Konnten sie auch nicht, sie sind aus Plaste. Das Herrchen hat das dem Herrn Lehmann erklärt. Mehrmals – allerdings erstmal umsonst. Jedes Mal, wenn der Herr Lehmann an dem Feuerwehrteich vorbeikam, konnte er gerade noch so davon abgehalten werden, in ihn reinzuspringen und es den Enten mal so richtig zu zeigen.

Doch irgendwann fiel selbst dem Herrn Lehmann das merkwürdige Verhalten des schwimmenden Federviehs auf. Er beschloss, der Sache auf den Grund zu gehen, setzte sich an den Rand des Teiches und guckte. Ganz still. Die Plaste-Enten taten das Gleiche. Das sorgte nach ein paar Minuten für eine gewisse Nachdenklichkeit beim Herrn Lehmann. Mit so wenig Interesse an seiner Person hatte er nicht gerechnet. Und er beschloss, dieses unflätige Verhalten zu bestrafen. Mit Ignoranz. Immer, wenn er jetzt an dem Feuerwehrteich vorbeikommt, würdigt er das darauf herumschwimmende Getier keines Blickes. Die werden ja sehen, was sie davon haben.

Boxende Boxer

Die Sache mit Rudi ist nicht so einfach. Eigentlich sollte Rudi ein Er werden, wurde dann aber doch eine Sie, bekam auch kurzzeitig einen weiblichen Namen, scherte sich aber einen Dreck darum und heißt nun eben die Rudi. Rudi ist eine junge Boxerin. Von der Rasse her gesehen und auch von ihrem Benehmen. Ein bisschen Kerl steckt wohl doch in ihr. Jedenfalls boxt sie den Herrn Lehmann bei jedem Treffen in Grund und Boden – es hagelt nur so rechte und linke Gerade und Haken. Bisher ertrug der Herr Lehmann das mit einer stoischen Ruhe und bewies echte Nehmerqualitäten.

Am 1. Mai allerdings hatte er genug. Nicht nur, dass Herrchen auch Feiertag hatte und mit ihm stundenlang durch die Gegend latschte, auf dem Rückweg wurde auch noch an Rudis Haus halt gemacht. Es folgten die obligatorischen Boxhiebe. Der Herr Lehmann ließ das fünf Minuten lang geschehen, schaute das Herrchen an – von dem keine Hilfe zu erwarten war –, hatte dann die Nase voll und machte sich auf den Heimweg. Ganz alleine und mitten auf der Straße. Die Strecke kennt er, er läuft sie fast jeden Tag. Herrchen sollte sie eigentlich auch kennen, tut das aber offensichtlich nicht. Denn als der Herr Lehmann so ungefähr 50 Meter weit war, kam es japsend hinterhergerannt.

Der Herr Lehmann hat das Herrchen dann mit nach Hause genommen. Er kann es ja schlecht alleine bei Rudi lassen. So ganz alleine und ohne Aufsicht.

Rapspflanzen und Schnecken

Der Herr Lehmann wird bald sechs. Er lässt an dieser Stelle mal den Quatsch mit der Umrechnung von Hunde- in Menschenjahre oder andersrum und merkt nur an: Er ist nicht mehr der Allerjüngste. Deshalb setzt er sich bei seinen Runden mit dem Herrchen auch schon mal einfach nur hin und guckt einer Rapspflanze beim Wachsen zu. Oder einer Schnecke beim Überqueren des Feldweges. Das kann gut und gerne eine Viertelstunde oder etwas länger dauern – Rapspflanzen wachsen und Schnecken laufen bekanntlich nicht so schnell.

Allerdings führt das meist zu einem erhöhten Diskussionsbedarf beim Herrchen, dessen Interesse an solchen Beobachtungen als relativ gering eingeschätzt werden kann. Dabei bekommt der Herr Lehmann manchmal auch unschöne Worte zu hören, aber das ist ihm egal. Wenn er gucken will, guckt er. Und zwar so lange, wie er gucken will.

Zu Hause lässt er aber dann vorsichtshalber die Zunge raushängen. Folgerichtig schimpft das Frauchen auch mit Herrchen, weil es den Herrn Lehmann mal wieder so gehetzt hat. Der Herr Lehmann bekommt von ihr ein Leberwurstbrötchen und viele Streicheleinheiten – das mit dem Alter hat auch Vorteile, wenn man ein gewiefter Dackel ist.

Spaßfaktor Duschecke

Immer wenn Frauchen oder Herrchen duschen, dann erscheint auch der Herr Lehmann im Bad. Dort leckt er dann die nassen Fußtapsen der beiden mit einer Inbrunst auf, als gebe es nichts Schöneres auf der ganzen Dackelwelt.

Jüngst hat der Herr Lehmann auch mitbekommen, wie man in die Duschecke rein kommt. Das war ein Fest für ihn. Er rammelt einfach mit seinem Kopf kräftig genug gegen die Glastür – und schon steht er drin im Dackelparadies. Nun braucht er nicht mehr zu warten, bis Frauchen oder Herrchen mit ihren nassen Füßen im Bad rumlaufen. Er hat jetzt genug zu lecken. Blöd ist nur, dass er nicht selbst das Wasser anmachen kann. Der Hahn dazu ist für Dackelverhältnisse ein ganz klein wenig zu weit oben angebracht.

Richtig Spaß macht es dem Herrn Lehmann nach einem solchen Badbesuch, mit seinen nassen Pfoten durch das ganze Haus zu laufen. Das Frauchen kriegt jedes Mal eine Krise. Der Herr Lehmann setzt sich nach dem Rundgang dann brav auf seine Decke und guckt sich die Schweinerei an, dem Frauchen beim Wegmachen derselben zu und ist mit sich und der Dackelwelt ziemlich zufrieden. Er muss sich jetzt nur noch überlegen, wie er an den Wasserhahn rankommt. Das würde den Spaßfaktor gewiss noch beträchtlich steigern.

Ein komischer Tag

Der 3. Juni ist der Tag des Hundes, also Herrn Lehmanns Feiertag. Tolle Sache – der 3. Juni ist ein Sonntag. Herrchen und Frauchen werden also wahrscheinlich auch zu Hause sein. Was soll denn das dann bitteschön für ein Feiertag sein?

Der Herr Lehmann wird mit Herrchen eine riesengroße Runde drehen müssen. Das passiert immer, wenn Herrchen frei hat. Und Frauchen macht bestimmt wieder die Couch sauber, auf der der Herr Lehmann verbotenerweise liegt, wenn die beiden ihrem Broterwerb nachgehen.

Und auf der er an seinem Feiertag nicht liegen kann, weil ja beide am Sonntag, dem 3. Juni, also am Tag des Hundes, zu Hause sind.

Vielleicht gibt es ja wenigstens was Leckeres zu essen und nicht schon wieder die Möhrendiät, mit der der Herr Lehmann wegen einiger überschüssiger Pfunde seit Wochen malträtiert wird. Der Herr Lehmann denkt da beispielsweise an ein Eisbein oder an zwei oder drei Packungen Wiener. Bockwürste würde er auch nehmen und dafür sogar mit dem Herrchen dreimal um den Elxlebener Sportplatz laufen.

Der Herr Lehmann wird das bis Sonntag noch mit dem Frauchen besprechen. Ausführlich. Da kann er sehr hartnäckig sein. Schließlich ist ja Feiertag. Sein Feiertag.

Herrchens Rücken

Seit ein paar Tagen hat das Herrchen was am Rücken. So weit, so gut. Allerdings betrifft das den Herrn Lehmann auch ein bisschen. Gut: Beim Gassigehen ist das Tempo derzeit eher rauhaardackelmäßig langsam und gefällt dem Herrn Lehmann eigentlich ganz gut. Weil: Es wird auch kein Ausdauersport mehr betrieben.

Allerdings hat das Herrchen wohl von einem neuen Befehl gehört. Der heißt »Au« und wird von ihm relativ oft benutzt. Was er bedeutet, weiß der Herr Lehmann noch nicht so genau. Er setzt sich aber vorsichtshalber immer erstmal hin.

Das nervt zwar auf die Dauer, kann aber nicht schaden. Weniger gut ist, dass das Herrchen auch beim Fressenmachen ganz schön rummärt. Und auch da gibt es das ein oder andere »Au«. Das ist aber unnötig. Wenn Fressen gemacht wird, dann sitzt der Herr Lehmann von alleine wie eine Eins und dem Herrchen fast auf den Füßen drauf.

Blöd ist, dass das Ballspiel im Garten derzeit ausfällt. Aber bei dem Mistwetter würde das eh keinen Spaß machen. Also wartet der Herr Lehmann auf Besserung. Bei Herrchens Rücken und beim Wetter.

Ein Dackel als Orakel

Am Samstag sollte der Herr Lehmann als Orakel herhalten. Für Deutschland gegen Portugal. Nach eindringlicher Befragung mit viel »Hier« und »Sitz« und ein paar Leckerlis sagte der Herr Lehmann »Wuff«. Und trollte sich auf seine Decke.

Nun orakelten Frauchen und Herrchen, was wohl dieses »Wuff« bedeuten könnte. Frauchen meinte, der Hund habe Hunger. Wie immer. Herrchen wusste aber kurz nach 22 Uhr, dass da ein Genie auf der Decke liegt. Das vermeintliche Genie schlief allerdings schon seit der Halbzeitpause tief und fest.

Der Herr Lehmann wurde natürlich auch zum morgigen Spiel gegen die Niederlande befragt. Er sagte nichts. Keinen Ton. War ja klar: Der Herr Lehmann hat holländischen Adel im Stammbaum. Sein Opa väterlicherseits heißt Cobus uit de Boevenkuil. Kein Wunder, der Herr Lehmann frisst auch Leerdammer, Gouda und Edamer, wenn's sein muss.

Frauchen deutet dieses Schweigen so: Der Hund hat nach acht Spielen in vier Tagen die Nase voll von Fußball gucken. Und Herrchen solle doch bitteschön mit ihm in den Garten gehen und dort Ball spielen. Herrchen wiederum glaubt, dass vielmehr das Frauchen die Nase von Fußball voll hat. Und den Herrn Lehmann nur als Argumentationshilfe missbraucht.

Der Fall der Fälle

Nun ist er also eingetreten, der Fall der Fälle: Deutschland spielt gegen Griechenland. Das ist für Herrn Lehmann gar nicht gut. Denn er wohnt in einem Multikulti-Haushalt. Herrchen ist deutsch, das Frauchen eine Griechin. Da war schon in den letzten Tagen schwer was los.

Herrn Lehmanns Bett steht im Arbeitszimmer, Fußball wird im Wohnzimmer geguckt. Und immer, wenn der Herr Lehmann im Arbeitszimmer gerade am Einnicken war, passierte im Wohnzimmer irgendwas, was für großes Geschimpfe oder Gejubel sorgte. Da musste der Herr Lehmann natürlich aufstehen und nachgucken – schließlich sollte ein Dackel wissen, was in seinem Haus alles so passiert.

Das war ein ganz schönes Gerenne. Allerdings schimpften oder jubelten Frauchen und Herrchen bislang immer zusammen – der häusliche Frieden war nicht in Gefahr. Das wird nun Freitagabend anders. Und recht schwierig. Der Herr Lehmann hat nämlich Frauchen und Herrchen gleich doll lieb. Er steht also vor der Frage: trösten oder mitfreuen? Und erst trösten und dann mitfreuen – oder andersrum?

Am besten wäre es, das Ding ist frühzeitig entschieden. Dann freut sich der Herr Lehmann eben kurz mit Herrchen. Und geht mit Frauchen Gassi. Um sie zu trösten. Und um Herrchens blöde Kommentare nicht hören zu müssen.

Dumm ist nur: Frauchen hat einen englischen Pass. Es könnte also noch einen weiteren Fall der Fälle geben. Und eine spätabendliche Gassi-Runde. Mit wem auch immer.

Fußball ist doof.

Ein ganz blödes Verbot

Der Herr Lehmann ist frustriert. Ihm wurde jetzt verboten, an den Einkäufen für sein Fressen teilzunehmen. Andere Hunde dürfen dabei sogar im Einkaufswagen sitzen und werden an den Regalen mit den zig verschiedenen Beuteln voll Futter vorbeigefahren. Der Herr Lehmann wird draußen angebunden oder muss im Auto warten. Und natürlich bringt das Herrchen dann immer das Falsche mit, nämlich dieses blöde Diätfutter.

Dabei hat sich der Herr Lehmann beim letzten gemeinsamen Einkauf nur ganz wenig daneben benommen. Okay: Er hat an ein Regal gepullert. Er wollte halt sein Revier markieren und allen anderen Hunden zeigen: Das ist alles meins. Und dann gab es da noch den Ball, den er versuchte zu klauen – und natürlich wurde er dabei erwischt.

Trotz dieser Lappalien wirkte das Herrchen an der Kasse dann ein bisschen gestresst. Der Herr Lehmann kann jetzt das Frauchen nur zu gut verstehen, warum es nicht gerne mit dem Herrchen einkaufen geht. Das Dumme ist nur, dass der Herr Lehmann ja schlecht einen Einkaufszettel schreiben kann, auf dem dann steht, was er alles haben möchte. Und selbst wenn er das könnte: Es würde ja doch nur wieder auf das Diätfutter hinauslaufen. Das Herrchen ist da beratungsresistent. Das jedenfalls sagt das Frauchen immer, wenn das Herrchen vom Einkaufen wiederkommt.

Morgens um sechs

Jeden Morgen so gegen sechs geht der Herr Lehmann gucken, ob sich in seinem Ort über Nacht etwas Grundlegendes verändert hat. Meist ist das nicht der Fall. Das Gute an dieser etwas unchristlichen Zeit: Das Herrchen ist noch nicht ganz bei Sinnen und lässt den Herrn Lehmann schalten und walten, wie er will. Das Blöde daran: Auch der Herr Lehmann ist noch hundemüde und beschränkt sich auf das Wesentliche. Er schaltet und waltet also quasi auf Sparflamme.

Neulich aber war der Herr Lehmann ganz schnell ganz wach. Denn da stand ein Lepus capensis auf seinem Feldweg. Also ein Feldhase. Was folgte, war klar. Erst verschwand der Hase im Feld und dann der Herr Lehmann. Herrchen blieb, wo es war. Es hatte zwar keine Ahnung, wo sich der Hase rumtrieb, der Herr Lehmann aber war gut sichtbar. Nicht persönlich, aber durch die Schneise, die er durchs Getreidefeld zog.

Nach fünf Minuten erschien er dann mit hängender Zunge wieder auf dem Feldweg. Ohne Hasen. Und wollte nur noch nach Hause ins Bett. Schlafen. Morgens kurz nach sechs.

PS: Liebe Zeitungsfritzen, diese komischen Kreise da auf dem Feld bei Elxleben – das waren keine Außerirdischen. Das war ein Dackel.

Die Sache mit dem Ball

Neulich hat der Herr Lehmann einen neuen Ball geschenkt bekommen. Das war schön. Er ging auch gleich mit ihm in den Garten. Das war noch schöner. Nach fünf Minuten ging ihm dort allerdings die Luft aus. Dem Ball, nicht dem Herrn Lehmann. Das war blöd.

Der Herr Lehmann bekam dann auch noch vom Herrchen lang und breit erklärt, dass das Ding schweineteuer war und er jetzt keinen mehr geschenkt bekommt. Das war noch blöder.

Frauchen wollte Herrn Lehmann gleich einen neuen kaufen. Nur das Herrchen stellte sich quer. Hätte es den Ball kaputt gemacht, hätte es auch keinen neuen bekommen. Dieser Argumentation konnten weder Herr Lehmann noch das Frauchen folgen. Letzteres verwies auf den Vorfall mit dem Rasenmäher vor ein paar Wochen. Als dem die Luft ausging, bekam das Herrchen auch einen neuen. Ende der Diskussion.

Natürlich kriegt der Herr Lehmann jetzt einen neuen Ball. Der Herr Lehmann hat das Frauchen übrigens ganz doll lieb. Und Herrchen kann zusehen, wo es einen Ball herkriegt, wenn es mit einem spielen will. Den vom Herrn Lehmann bekommt es nicht. Es kann ja Rasen mähen, während der Herr Lehmann Ball spielt.

Treffen mit einem Igel

Manchmal ist die Welt eine ungerechte. Wie neulich. Der Herr Lehmann steckte mal wieder seine Nase in ein Grasbüschel – und die traf dort auf einen Igel.

Nicht nur, dass der Herr Lehmann einen großen Satz nach hinten machte und den Rest der Runde etwas nachdenklich absolvierte – wieder zu Hause wurde er auch noch in die Wanne gesteckt. Weil Igel ja Flöhe haben sollen, und weil Frauchen in ihrem Heim keine krabbelnden Viecher duldet. Der Herr Lehmann wurde also gebadet, geschrubbt und geföhnt, dass ihm Hören und Sehen verging. Danach bekam er auch noch eine Ladung Puder ab – als Prophylaxe. Ungerecht findet der Herr Lehmann das deshalb, weil Frauchen ja eigentlich jeden draußen frei herumlaufenden Igel einsammeln und in die Wanne stecken könnte, um das Übel quasi an der Wurzel zu bekämpfen. Das macht sie aber nicht. Hat sie jedenfalls gesagt, und der Herr Lehmann glaubt ihr das aufs Wort.

Ungerecht ist diese Welt aber auch, weil der Herr Lehmann natürlich weiterhin seine Nase in jedes Grasbüschel stecken wird. Anhaltende Nachdenklichkeit ist nichts für Dackel. Und höchstwahrscheinlich wird seine Nase dort irgendwann wieder auf einen Igel treffen – einen ungebadeten. Das Ende vom Lied kennen wir ja.

40 Grad im Schatten

Der Herr Lehmann mag diesen Sommer. Wer 40 Grad im Schatten will, der soll nach Malle fliegen. Der Herr Lehmann will keine 40 Grad im Schatten, und er will auch nicht nach Malle fliegen. Weil ihm dann beim Gassigehen die Zunge so weit raushängt, dass er fast auf sie drauf tritt. Und jeder, der das schon mal erlebt hat, weiß, wie weh das tut.

Außerdem: Nicht umsonst wird bei der Formel 1 auch immer über die Asphalttemperatur geredet, die deutlich höher als die etwas weiter oben ist. Der Herr Lehmann jedenfalls kann bei seinen Pfoten nicht zwischen harter und weicher Bereifung wählen. Er hat nur die einen an sich dran und muss mit ihnen klarkommen.

Neulich war es mal wieder hart an der 40-Grad-Grenze. Gut, es waren 29,3 – aber immerhin. Der Herr Lehmann lag wie tot auf der Terrasse und träumte davon, ein Pinguin in der Antarktis zu sein. Jedenfalls bewegte er sich wie einer. Wenn er sich überhaupt mal bewegte.

Bei Hitze überkommt dem Herrn Lehmann immer eine große Gelassenheit in Sachen körperliche Betätigung. Herrchen nennt das anders, aber das ist dem Herrn Lehmann egal. Schließlich ist das Herrchen ja auch noch nie auf seine Zunge drauf getreten. Oder?

PS: Okay – es regnet ein bisschen zu oft und zu viel. Aber wenigstens wird das Herrchen dabei immer genauso nass wie der Herr Lehmann.

Die Sache mit der Politik (I)

Der Herr Lehmann interessiert sich nicht für große Politik. Ihm ist es egal, ob der Herr Ponader im Fernsehen mit oder ohne Socken auftritt, ob die Frau Merkel traurig ist, dass ihr der Herr Sarkozy abhanden gekommen ist, oder für welches Zimmer des Herrn Niebel nun eigentlich der Teppich aus Afghanistan war.

Der Herr Lehmann hat andere Probleme. So wartet er immer noch auf die schriftliche Bestätigung seiner ihm versprochenen Ehrenmitgliedschaft bei der Elxlebener Feuerwehr. Aber das nur nebenbei und fürs Protokoll. Auch wäre es wünschenswert, wenn die Sportfreunde mal einen ihrer Bälle über den Stadionzaun dreschen würden. Der Herr Lehmann hat seinen ja bekanntlich kaputt gemacht und Herrchen denkt einfach nicht dran, ihm einen neuen zu kaufen.

Und dann ist da noch die Sache mit dem Pool. Frauchen will auch einen und redet sich seit Monaten den Mund fusselig. Die Nachbarn unten rechts haben einen und planschen jeden Abend drin – während der Herr Lehmann mit hängender Zunge am Gartenzaun steht und zuguckt. Nur das Herrchen stellt sich taub. Wahrscheinlich muss der Herr Lehmann erst den Familienrat einberufen, mit Frauchen eine Koalition bilden und Herrchen dann überstimmen. Wobei: Das ist ja dann ganz große Politik. Schöner Mist.

Brief an Frau Lieberknecht

Liebe Frau Ministerpräsidentin!
Kurz zur Erklärung: Vor einer Woche schrieb ich an dieser Stelle an die Sportfreunde Elxleben, dass ich gerne einen Ball von ihnen hätte, weil das Herrchen beim Einkaufen immer so schusslig ist und nicht dran denkt. Noch am gleichen Tag legten mir die Sportfreunde einen vor die Tür. Das bestärkt mich in der Überzeugung, dass man nur etwas in die Zeitung schreiben muss, und schon klappt das auch.

Liebe Frau Lieberknecht!
Ich möchte gerne die Erstattung der Hundesteuer für alle ab Juni 2006 in Thüringen geborenen Dackel. Und zwar rückwirkend. Die Kontonummer für die Überweisung des dann fälligen Betrages kann bei Bedarf nachgereicht werden.

Zweitens: Jede Bratwurstbude im Freistaat sollte per Gesetz verpflichtet werden, allen dort vorbeikommenden Hunden – unabhängig von Rasse, Alter und Gewicht (!) – ein Probeexemplar zur Verfügung zu stellen. Kostenlos.

Ich will ja nicht unverschämt sein, aber eine Bitte hätte ich noch: Wäre es möglich, dass sie den Herrn Seehofer – wenn Sie ihn im Bundesrat treffen – fragen könnten, ob er den Sportfreunden in Elxleben nicht mal die Bayern vorbeischickt? Das geht doch bestimmt, oder?

Mit freundlichen Grüßen und in Erwartung Ihrer Antwort
Herr Lehmann

Die Sache mit der Größe

Jawohl: Der Herr Lehmann ist nicht der Größte. Vielmehr ist er ein ziemlich Kleiner. Und wie alle Kleinen hat er ein Problem damit. Vor allem, wenn er auf einen anderen Kleinen – also auf einen etwa Gleichgroßen – trifft. Da will er der Größere sein. Oder der Größte. Meist gibt das dann ein feines Theater, weil der andere Gleichkleine das natürlich auch will.

Trifft der Herr Lehmann dagegen auf einen deutlich Größeren, gibt es kein Theater. Kopf runter, Schwanz unterm Bauch und einen Blick so von wegen: »Ich-bin-ein-ganz-Lieber-und-du-tust-mir-doch-jetzt-bitte-nichts«. Dass der Herr Lehmann nicht immer ein ganz Lieber ist, tut nichts zur Sache und geht den anderen und Größeren auch nichts an.

Ausnahmen bestätigen die Regel. Pullert ein viel Größerer an die Hecke von Herrn Lehmanns Grundstück und der Herr Lehmann ist in Sichtweite, dann wird dem Größeren aber so was von Bescheid gegeben, dass er das zu unterlassen hat. Da kennt der Herr Lehmann nichts – auch keine Angst vor Verlusten. Neulich brachte er von einem solchen Gespräch ein Loch im Ohr mit, ertrug das aber mit wahrer Größe. Man könnte auch sagen: Der ziemlich kleine Herr Lehmann ist manchmal etwas größenwahnsinnig.

Die Sache mit dem Bach

Herrn Lehmanns Bach ist weg. Einfach so. Gemerkt hat das der Herr Lehmann am Sonntag. Es war ganz schön heiß, und der Herr Lehmann freute sich während der üblichen Guten-Morgen-Runde schon ganz doll darauf, sich mitten in ihn reinzustellen und seinen Bauch zu kühlen. Dazu muss er sich nicht mal hinlegen, das geht bei ihm auch im Stehen. Genauer gesagt: Das ging bis jetzt. Denn wo kein Bach, da keine Abkühlung.

Der Herr Lehmann stand also mit hängender Zunge dort, wo eigentlich sein Bach sein müsste. Und guckte das Herrchen an. Das fing an, etwas von 30 Grad im Schatten, von Verdunstung, Klimawandel und Erdrotation zu erzählen, woraufhin der Herr Lehmann ganz schnell abschaltete und sich auf den Heimweg machte. Durstig, nicht gekühlt und also ziemlich übellaunig.

Zu Hause hatte der Herr Lehmann dann immer noch schlechte Laune. Und er war misstrauisch geworden. Jedenfalls nahm er seinen Knochen überall mit hin, wohin er ging. Nicht, dass der auch noch einfach so verschwindet und Herrchen nichts tut, außer dumm rumschwatzen.

Die Sache mit dem Fenster

Manchmal darf der Herr Lehmann auf Herrchens Arm aus dem Küchenfenster gucken. Das macht Spaß, auch wenn auf der Gasse davor nicht gerade viel los ist. Man wohnt ja schließlich nicht am Ku'damm.

Zum Glück läuft wenigstens ab und zu mal eine Katze vorbei. Genau das bereitet dem Herrn Lehmann aber einiges Kopfzerbrechen. Denn immer, wenn sie rechts oder links in den Fensterecken verschwindet, vermutet sie der Herr Lehmann folgerichtig auch rechts oder links von sich – und zwar in seiner Küche.

Das bedarf dann einer genaueren Kontrolle. Also wird dem Herrchen in den Bauch getreten, damit es den Herrn Lehmann runterlässt und er ebenerdig nach der Katze suchen kann. Finden tut er sie allerdings nie.

Meist muss das Frauchen dann eingreifen, weil Herrchen – noch etwas krumm und seinen Bauch haltend – in der Küche rumsteht, während der Herr Lehmann dieselbe auf den Kopf stellt. Frauchen tut das mit einer Salamischeibe. Die lässt Herrn Lehmann alles vergessen: das Fenster, die Katze, die Küche und das krumme Herrchen.

Zum Glück laufen draußen keine Salamis vorbei.

Die Sache mit den Heuballen

Auf den Wiesen rund um Elxleben liegen derzeit ganz viele Heuballen rum. Das müsste den Herrn Lehmann eigentlich nicht sonderlich interessieren, wenn nicht seine Freundin – die Boxerhündin Bine – immer auf sie drauf springt und den Herrn Lehmann dann von oben herab anguckt. Die Bine guckt den Herrn Lehmann wegen ihrer langen Beine eigentlich immer ein wenig von oben herab an, aber das mit dem Heuballen ist dann doch ein bisschen zu viel des Guten.

Der Herr Lehmann hat schon versucht, auch da rauf zu kommen. Aber Hochsprung ist nicht gerade eine Königsdisziplin von Rauhaardackeln. Also setzt er sich hin und guckt das Herrchen an. Das schwatzt dann aber immer gerade mit dem Herrchen von Bine und denkt gar nicht daran, dem Herrn Lehmann helfend unter seine O-Beine zu greifen.

Jetzt tut der Herr Lehmann immer so, als ob die Heuballen nicht existieren. Er würdigt sie keines Blickes. Und wenn er die Bine in der Nähe eines solchen sieht, dann existieren eben beide nicht. Der Herr Lehmann guckt weg.

Die Bine wird schon sehen, was sie davon hat. Und die Heuballen natürlich auch.

Die Sache mit dem Buch

Es gibt ein Buch, mit dem man den IQ von Hunden testen kann. Herrchen hat es sich besorgt. Der Herr Lehmann war gleich etwas skeptisch.

»Stellen Sie einen Teller mit Leckerli auf den Boden. Gehen Sie aus dem Zimmer. Kommen Sie nach einer Minute zurück«, heißt es dort. Fünf Punkte gibt es, wenn der Hund die Leckerli nicht anrührt, nur einen Punkt, wenn alles weg ist, bevor das Herrchen den Raum verlassen hat. Der Herr Lehmann schafft das schon, noch ehe der Teller den Boden berührt. Wie viele Punkte es dafür gibt, steht allerdings nicht in dem Buch, dem tollen.

Oder: »Lehnen Sie einen Spiegel an die Wand.« Fünf Punkte erhält der Hund, wenn er sich über den neuen Spielgefährten freut. Für wie blöd halten die Autoren den Herrn Lehmann? Er ist einmal vor den Spiegel in der Ankleide gerannt, um den vermeintlichen Eindringling zu vermöbeln. Seitdem kennt er den Betrug und weiß außerdem, dass Spiegel kaputt gehen, wenn man in sie rein rennt. Das Herrchen kann dem Herrn Lehmann mit dieser Art von Belletristik gestohlen bleiben. Es soll solche Bücher leise lesen und ihn dabei kraulen. Das ist dann in Ordnung.

Die Sache mit den Paketen (I)

Das Frauchen bekommt ständig Pakete. Der Herr Lehmann nicht. Und da er das nicht richtig findet, will er dem Frauchen wenigstens beim Auspacken der ihren helfen.

Da nützt es auch nicht viel, dass das Frauchen beim Reintragen ihr Paket immer ganz hoch hält. Meist hängt der Herr Lehmann schon dran, noch ehe es die Frau von der Post ihr übergeben hat.

Das Auspacken verläuft dann ohne Rücksicht auf Verluste. Der Herr Lehmann vergewissert sich nämlich ganz genau, dass auch jeder Fetzen der Verpackung mausetot ist. Das Frauchen holt dann immer den Staubsauger raus.

Den kann Herr Lehmann gar nicht leiden, weil der ihm die mausetoten und überall verteilten Papierfetzen wegfrisst. Also lässt er das nun schon ausgepackte Paket in Ruhe und hängt sich an den Staubsauger dran. Das gibt ein feines Gewusel. Das Frauchen ist dann immer fix und fertig und kann sich über ihr Paket gar nicht mehr so richtig freuen.

Herrchen konnte diese Dramen nicht mehr ansehen. Es hat mit der Frau von der Post einen dackelsicheren Paketverwahrort ausgeguckt. Und Frauchen packt die Dinger jetzt immer erst aus, wenn der Herr Lehmann mit Herrchen Gassi geht.

Herrchen in Schwierigkeiten

Immer wenn der Herr Lehmann beim Gassigehen ein bisschen trödelt – und der Herr Lehmann trödelt dabei immer ein bisschen –, dann versteckt sich das Herrchen.

Und denkt, dass es den Herrn Lehmann damit in Schwierigkeiten bringt. Pustekuchen. Der Herr Lehmann hat das Herrchen immer noch ganz schnell wieder gefunden.

Schwierigkeiten hat dann meist nur das Herrchen. Wie neulich. Da sprang es hinter einen Busch und landete – in einem Bach. Von dieser Idee war der Herr Lehmann natürlich total begeistert und sprang hinterher. Und während das Herrchen mit sich und seiner misslichen Lage beschäftigt war, tobte der Herr Lehmann dort ausgelassen herum. Das Ergebnis konnte sich sehen lassen: Herrchen und Dackel waren herrlich eingesaut.

Zu Hause gab das dann ein feines Hallo. Mit einem nassen Dackel kann Frauchen ja noch leben. Zur Not. Mit einem nassen und dreckigen Herrchen aber nicht. Zum Glück entlud sich das Donnerwetter nur über dem Herrchen. Der Herr Lehmann hatte sich gleich auf seine Decke verkrochen und blieb auch dort, bis sich die Gewitterwolken verzogen hatten.

Danach wurde dann noch mal gebadet. Getrennt und unter strenger Aufsicht des Frauchens. Das war dann nicht mehr ganz so lustig wie mit Herrchen im Bach.

Eine lustige Frau Doktor

Das Frauchen ist krank. Der Herr Lehmann kümmert sich natürlich um sie. Bei jedem »Ach« und »Oh« und »Au« steht er ihr auf den Füßen und guckt, was er helfen kann. Meist hilft es schon, wenn er dem Frauchen von den Füßen runtergeht.

Die Frau Doktor hat dem Frauchen gesagt, dass das Herrchen jetzt mal die Hausarbeit erledigen soll. Die Frau Doktor ist lustig. Dem Herrchen bei der Hausarbeit zuzuschauen, ist besser als Sportschau gucken.

Beim Befüllen der Waschmaschine konnte der Herr Lehmann das Drama aber nicht länger mit ansehen. Er griff dem Herrchen unter die Arme. Jetzt ist seine Sockensammlung um drei Stück reicher und Herrchen ging unterschiedlich bestrumpft zur Arbeit. Das Frauchen sagte dazu nur »Ach«. Der Herr Lehmann stand ihr aber nur kurz auf den Füßen rum, weil das Herrchen den Swiffer ausprobierte. Der Herr

Lehmann hängte sich an beide dran – der Saubermach-Effekt tendierte gegen null, aber es hat Spaß gemacht.

Meist schickt Frauchen ihre beiden Kerle dann Gassi gehen. Auf die große Runde. Wahrscheinlich denkt sie, dass sie so schneller gesund wird. Und wahrscheinlich hat sie Recht.

Die Sache mit dem Gassigehen

Das Herrchen liest immer noch das Buch, in dem es um den IQ von Hunden geht. Dort heißt es: Sprechen Sie irgendein Wort aus und geben sie ihm die gleiche Intonation wie »Gassigehen«. Das Herrchen sagte also: »Integralrechnung«. Der Herr Lehmann erreichte schon beim ersten Versuch die Maximalpunktzahl (5 Punkte). Weil er von Integralrechnung keine Ahnung hat. Und einfach weiter seinen Knochen kaute. Herrchen war stolz.

Dieses hervorragende Ergebnis wurde allerdings gleich wieder relativiert. Denn bei der zweiten Übung sollte das Herrchen nach dem Gassigehen sofort wieder »Gassigehen« rufen. 5 Punkte hätte es gegeben, wenn der Herr Lehmann freudig erregt aufgesprungen wäre. Der Herr Lehmann sprang aber nicht. Und er war auch nicht freudig erregt. Er lag zusammengerollt auf seiner Decke und dachte wahrscheinlich, was der Quatsch soll. Wenn das Herrchen unbedingt noch mal raus will, dann soll es doch. Alleine.

Dem Frauchen wurde abends mitgeteilt, dass sie einen durchschnittlich intelligenten Hund hat. Für sie war das anscheinend nichts Neues. Sie fragte nur, ob der Hund schon draußen war. Und sagte: »Gassi gehen«. Der Herr Lehmann sprang auf. Freudig erregt.

Die Sache mit der Weißwurst

Am Samstag feierte man beim Herrn Lehmann vor der Haustür Oktoberfest. Es waren zwar etwas weniger Besucher als in München da, dafür war das Bier aber auch billiger. Viel mehr als der Bierpreis interessierte den Herrn Lehmann aber die Weißwurst, die Herrchen ihm mit nach Hause brachte. Frauchen bekam eine Haxe, aber diese Ungerechtigkeit steht auf einem anderen Blatt Papier.

Jedenfalls: Bevor der Herr Lehmann seine Weißwurst bekam, hielt ihm das Herrchen einen ellenlangen Vortrag, wie er diese zu essen hat: Erst die Pelle vorsichtig aufmachen und dann das Innere schön langsam rauspulen. Dabei wedelte das Herrchen die ganze Zeit mit der Weißwurst vor Herrn Lehmanns Kopf herum.

Dem wurde dabei schon ganz schwindlig. Und ehrlich gesagt, sind ihm bayrische Traditionen beim Weißwurstessen ziemlich schnurz. Als er das Objekt seiner Begierde endlich bekam, verschlang er sie mit Haut und Haaren – und mit Pelle. In null Komma nix.

Geht es nach dem Herrn Lehmann, dann könnte jeden Tag Oktoberfest vor seiner Haustür sein. Sogar mit Blasmusik und Hau-den-Lukas und so. Wenn es dafür jeden Tag eine Weißwurst gibt. Mit Pelle.

Die Sache mit den Paketen (II)

Jetzt hat der Herr Lehmann also auch endlich ein Paket bekommen. Aus Köln. Von zwei freundlichen Damen. Mit ganz vielen Leckerli drin.

Er wollte es auch gleich selbst auspacken. Das Herrchen hat es auf den Wohnzimmertisch gelegt und ist dann in die Redaktion gegangen. Am Wohnzimmertisch stehen Stühle. Und wenn das Herrchen denkt, der Herr Lehmann weiß nicht, dass man sich auf einen Stuhl setzt, um Sachen auf dem Tisch zu machen – wie zum Beispiel Pakete auspacken –, dann ist dem Herrchen auch nicht mehr zu helfen.

Allerdings hat es der Herr Lehmann dann doch nicht geschafft. Der Stuhl stand einfach zu weit weg vom Tisch. Jedenfalls für Dackelverhältnisse. Das verhagelte ihm die Stimmung ganz schön. Als Frauchen und Herrchen abends nach Hause kamen, saß er immer noch auf dem Stuhl und grummelte vor sich hin.

Zwar bekam er gleich ein Leckerli aus dem Päckchen, aber das konnte den Tag auch nicht mehr retten. Der Herr Lehmann hätte gerne alles auf einmal gehabt. Und dabei war er so nah dran.

Der Herr Lehmann muss den beiden Damen, die ihm das Paket geschickt haben, aber in einem Punkt Recht geben: Er bekommt den mitgeschickten Ball nicht kaputt. Jedenfalls nicht gleich. Aber er arbeitet dran. Versprochen!

Ein Brief aus der Staatskanzlei

Der Herr Lehmann hat einen Brief bekommen. Aus der Erfurter Staatskanzlei. Er wollte ja von der Frau Lieberknecht eine Hundesteuer-Befreiung für sich und Bratwurst-Freiexemplare für alle seine Kumpel an jeder Bratwurstbude in Thüringen.

Hier die Antwort: »Zunächst einmal beste Grüße von der Chefin. Wer mag schon freiwillig auf Steuern verzichten? Ist eine Steuer erst einmal da, wird man sie schwerlich wieder los. Denken Sie an die Sektsteuer aus dem Jahr 1902 zur Finanzierung der kaiserlichen Kriegsflotte: Kaiser weg, Flotte weg – Steuer noch da. Und was Ihren Wurst-Vorstoß betrifft: Würden Sie an jeder Bratwurstbude eine Thüringer bekommen – wie sähen Sie bald aus? Sie würden platzen.« Zitat Ende.

Liebe Frau Chefin!

Erstens: Wenn das Herrchen noch Sektsteuer bezahlt, dann ist es selbst schuld. Kaiser und Flotte hin oder her. Der Herr Lehmann trinkt keinen Sekt.

Und zweitens: Die Landesregierung braucht sich nun wirklich keine Gedanken um Herrn Lehmanns Bäuchlein machen. Da passt eine Bratwurst täglich noch locker rein. Er rennt dann eben zweimal mehr um das Denkmal vom Kaiser. Zusammen mit dem Herrchen.

Die Sache mit dem Licht

Morgens und abends – wenn der Herr Lehmann mit dem Herrchen seine Runden dreht – ist es jetzt wieder dunkel. Und das Herrchen sieht im Dunkeln nicht gut. Deshalb hängt es dem Herrn Lehmann ein elektrisches Licht ans Halsband, ein blinkendes. Nun leuchtet jeder Laubhaufen, in den er springt und jeder Baumstumpf, an den er pullert.

Der Herr Lehmann findet das blöd. So blöd, dass er das Halsband mit dem Licht dran schon mal mitten auf einer Wiese abgelegt hat. Das Herrchen stand auf dem Weg und guckte das Licht an, während der Herr Lehmann in der Hecke neben der Wiese viel Spaß hatte. Nach siebeneinhalb Minuten wurde das Herrchen dann doch etwas skeptisch, weil der Herr Lehmann selten siebeneinhalb Minuten am Stück an genau einem Fleck bleibt.

Das Herrchen holte den Herrn Lehmann am Schlafittchen aus der Hecke. Und will ihm jetzt ein etwas engeres Halsband kaufen. Der Herr Lehmann hätte da allerdings eine viel bessere Idee. Warum hängt sich das Herrchen nicht ein Licht um den Hals? Da kann der Herr Lehmann das Herrchen immer sehen und vor Blödsinn bewahren.

Die Sache mit dem Staubsauger

Der Herr Lehmann und der Staubsauger werden keine besten Freunde. Nie und nimmer.

Der Herr Lehmann gibt sich nämlich immer die größte Mühe, seinen Knochen ganz klein zu kauen. Dann liegen im Wohnzimmer ein paar Stückchen gut zerkaute Haut und ein paar Stückchen ebenfalls gut zerkautes Inneres herum – alles vom Knochen. Ein paar viele Stückchen, aber das liegt in der Natur der Sache.

Der Herr Lehmann kann überhaupt nicht verstehen, dass das Frauchen das nicht genauso toll findet wie er. Tut sie nicht, denn sie holt dann immer den Staubsauger raus. Der macht nicht nur ziemlich viel Krach, sondern frisst auch die sorgsam verteilten Knochenteile einfach auf und dem Herrn Lehmann weg. Und da hört beim Herrn Lehmann der Spaß auf. Das sagt er dem Staubsauger auch recht deutlich. Doch der schert sich einen Dreck darum und saugt einfach weiter.

Das Frauchen probiert ab und zu mal, aus beiden doch noch beste Freunde zu machen. Dazu legt sie ein Leckerli auf den Staubsauger. Das holt sich der Herr Lehmann auch, knurrt ihn dann aber sofort wieder an und bringt seinen Knochen in Sicherheit.

Die Sache mit dem Fell

Bevor es Gassi geht, erlebt der Herr Lehmann jetzt immer ganz großes Kino. Frauchen oder Herrchen ziehen sich dann immer noch Pfoten über ihre Pfoten und – jetzt, wo es kälter wird – noch Felle über ihr eigentliches Fell.

Der Herr Lehmann findet das reichlich komisch, denn er ist nur mit dem ausgestattet, was er gerade am Leib trägt. Also mit einer einzigen Ausfertigung Fell und einem einzigen Vierersatz Pfoten. Damit muss er klarkommen. Minusgrade hin oder Sommerhitze her.

Das hat den Vorteil, dass der Herr Lehmann immer fix und fertig angezogen ist. Er steht auch nicht vor der schwierigen Frage, ob seine Pfoten nun zu seinem Fell passen oder andersrum oder eben auch nicht. Er hat nix anderes zum Anziehen – und damit basta.

Selbst wenn der Herr Lehmann zu seiner Freundin – der Boxerhündin Bine – geht, belässt er es bei seiner Anzugsordnung. Die Bine hat – nebenbei bemerkt – auch immer das Gleiche an.

Der Herr Lehmann ist deshalb auch immer als Erster fertig. Und muss dann auf Frauchen oder Herrchen warten. Das nervt zwar manchmal ganz schön, ist aber wohl nicht zu ändern.

Das Fressen und das Wetter

Eine Kollegin des Frauchens hat eine Katze. Und die frisst derzeit wie ein Scheunendrescher. Die Kollegin vermutet deshalb, dass es ein ganz schlimmer und ganz kalter Winter wird. Das hat die Kollegin des Frauchens wohl in einer Bauernregel so gelesen. Wenn es danach und nach dem Herrn Lehmann geht, dann müsste es auch im August draußen mindestens minus 15 Grad Celsius kalt sein. Denn der Herr Lehmann frisst immer wie ein Scheunendrescher.

Meist bereitet ihm das Frauchen seine Mahlzeit zu. Die ist eigentlich dackelgerecht – quantitativ und qualitativ. Wenn das Herrchen dann aber nach Hause kommt, dann guckt der Herr Lehmann so, als hätte es eine Woche lang nur Almased oder Joghurt mit Müsli gegeben. Der Herr Lehmann guckt nebenbei bemerkt auch nach einem halben oder ganzen Eisbein wie minus 15 Grad Celsius. So als hätte es gar kein Eisbein gegeben.

Als Wetter-Orakel taugt der Herr Lehmann also nicht. Er merkt meist selbst erst immer, dass draußen minus 15 Grad Celsius sind, wenn er schon fast auf dem Elxlebener Anger steht. Und dann ist es zu spät. Dann muss er mit dem Herrchen mit.

Die Sache mit der Schokolade

Der Herr Lehmann mag Schokolade. Braune, weiße, süße, bittere, mit Nüssen oder ohne, in Tafel-, Ostereier- oder Weihnachtsmannform – völlig egal, Hauptsache Schokolade.

Der Herr Lehmann darf aber keine Schokolade mögen. Er wurde schon einmal zum Herrn Doktor gebracht, als er vom Nachttisch des Herrchens dessen zwei Tafeln Vollmilch-Edel geklaut und gefressen hatte. Beim Doktor bekam er eine Spritze, durfte sich übergeben und dann beim Saubermachen des Bodens zugucken.

Jedoch verfügt der Herr Lehmann hierin über ein tolles Kurzzeitgedächtnis. Am anderen Morgen mochte er Schokolade wieder. Er guckte auch gleich nach, ob das Herrchen noch welche auf dem Nachttisch hatte. Hatte es nicht. Gerade jetzt im Advent wird Herrn Lehmanns Geduld auf eine harte Probe gestellt. Frauchen mampft ihr After Eight, Herrchen mampft seine Vollmilch-Edel und der Herr Lehmann mampft – seine Kaustreifen mit Rindsgeschmack. Er hat aber die Hoffnung noch nicht aufgegeben. Und außerdem war er ja auch schon lange nicht mehr beim Herrn Doktor.

Die Sache mit der Freude

Neulich sollte der Herr Lehmann den Eltern des Herrchens mal beweisen, was für ein folgsamer Hund er ist. Das ging natürlich fürchterlich nach hinten los. Weil immer, wenn der Herr Lehmann die Eltern des Herrchens sieht, kriegt er sich vor lauter Freude gar nicht wieder ein. Da kann das Herrchen Befehle geben wie es will, es wird sich erstmal gefreut. So ungefähr eine halbe Stunde lang, es sind ja auch zwei Elternteile.

In ein paar Tagen wird diese Freude dann eine ganz große sein. Dann kommen die Eltern des Frauchens. Die sieht der Herr Lehmann nur alle Jubeljahre mal, weil, die wohnen ganz weit weg. Dafür bleiben sie auch ein paar Tage, so dass der Herr Lehmann auch ein paar Tage Zeit hat, sich zu freuen.

Die Weihnachtsfeiertage werden also ganz schön interessant, auch weil der Herr Lehmann ja schon bei Frauchen und Herrchen immer gucken muss, was sie wann, wo und wie so alles treiben. Nun hat er dafür noch zwei Leute mehr zur Verfügung. Außerdem kocht Frauchens Mutter ausnehmend gut (Frauchen natürlich auch!), sodass die Freude eine doppelte ist. Wenn dann noch Herrchens Eltern dazu stoßen, kennt sie keine Grenzen mehr.

Die Sache mit der Kokosnuss

Neulich erzählte das Herrchen dem Herrn Lehmann beim abendlichen Gassigehen, dass mehr Leute durch herabfallende Kokosnüsse getroffen als von Haien angegriffen werden. Der Herr Lehmann blieb kurz stehen, dachte nach und fragte sich, was das Herrchen ihm damit sagen wollte. Haie gibt es in den Gewässern rund um Elxleben nicht, und auch Palmen mit Kokosnüssen dran sucht man dort vergeblich. Die Wahrscheinlichkeit, von diesen beiden Plagen beim Spazierengehen heimgesucht zu werden, tendiert also gegen Null.

Der Herr Lehmann hat aber mittlerweile gelernt, mit solchen Informationen umzugehen. Er ignoriert sie. Viel wichtiger als Herrchens philosophische Exkurse sind andere Themen: Brennt im Kamin Feuer, wenn er mit Gassi gehen fertig ist? Was und vor allem wann gibt es etwas zu fressen? Warum guckt der Hase da drüben auf dem Feld andauernd her und lohnt es sich, mal zu ihm rüber zu rennen? Und wieso trödelt das Herrchen bei diesem Mistwetter dahinten so rum?

Wirklich existenzielle Fragen also, bei denen Haie und Kokosnüsse eine eher untergeordnete Rolle spielen. Zum Glück denkt das Frauchen pragmatisch. Als der Herr Lehmann nach Hause kam, brannte Feuer im Kamin und es gab lecker Hühnchenklein.

Die Sache mit der Politik (II)

Der Herr Lehmann ist mit 2012 eigentlich ganz zufrieden. Morgens wird es immer noch hell und abends immer noch dunkel. Und bevor es dunkel wird, hat er sein Fressen. Zwischendurch wird ein bisschen Blödsinn gemacht.

Allerdings muss er 2013 nochmal ein Wörtchen mit der Frau Lieberknecht reden. Die hat ganz vergessen, dass sie vom Herrn Lehmann beauftragt wurde, die Bayern nach Elxleben zu holen. Und als braver Steuerzahler – Hundesteuer, Umsatzsteuer für Fressen, Knochen und Spielzeug, Spritsteuer für die Fahrten zum Herrn Doktor, Mehrwertsteuer beim Herrn Doktor – kann der Herr Lehmann doch wohl von seiner Ministerpräsidentin erwarten, dass sie sich ein bisschen anstrengt. Oder? Erstens ist Herr Lehmann großer Fußballfan und zweitens würde er gerne mal den Herrn Hoeneß anknurren, damit der so schön rot anläuft.

Überhaupt die Politik: In die wird sich der Herr Lehmann 2013 nicht oft einmischen. Und nur, wenn es sein muss. Er hatte ja mal eine Bemerkung zur FDP gemacht und gleich drei wütende Briefe bekommen. Von drei Liberalen. Wahrscheinlich von allen drei Liberalen Thüringens. Zum Glück haben die Elxlebener Sportfreunde oder die Feuerwehrleute mehr Humor.

Die Sache mit der Sprache

Die letzten Wochen verbrachte der Herr Lehmann dreisprachig. Es war Besuch aus Griechenland da. Ein deutsches »Nein« war deshalb auch ein griechisches »Ochi« und ein englisches »No«.

Nun ist der Herr Lehmann ein nur durchschnittlich sprachbegabter Dackel. Ein deutsches »Nein« heißt bei ihm: Lass es sein und probiere es in drei Minuten noch einmal. Das »Ochi« dagegen klang wie irgendetwas ganz Leckeres. Und deshalb saß der Herr Lehmann bei jedem »Ochi« von Schwiegermutti auf deren Schoß und harrte der leckeren Dinge, die da kommen. Es kam aber nichts. Nur ein »No«. Und das beschloss er zu ignorieren. Multikulti hin oder her.

Ein deutsches »Nein« hörte der Herr Lehmann in dieser Zeit übrigens relativ selten, weil Herrchen und Frauchen immer dann, wenn die Schwiegermama irgendetwas anstellte, ganz laut »Ochi« riefen. Natürlich war der Herr Lehmann sofort zur Stelle, um nach den erhofften leckeren Sachen Ausschau zu halten. Allerdings vergeblich – auch da war nichts zu holen.

Mittlerweile ist Herrn Lehmanns Haushalt wieder einsprachig. Aber irgendwie wird ihm dieses »Ochi« fehlen.

Die Sache mit dem grauen Haar

»Och, das ist aber ein alter Hund«, riefen neulich ein paar Kinder dem Herrn Lehmann hinterher. Der senkte daraufhin den Kopf und trottete auch wie ein solcher hinter dem Herrchen her. Leicht betröppelt.

Erstens muss hier mal klargestellt werden, dass in Herrn Lehmanns Stammbaum »saufarben« steht. Und da gehören ein paar graue Haare dazu. Und selbst wenn nicht: Wer sich davon überzeugen will, wie gut der Herr Lehmann mit seinen sechs Jahren und ein paar grauen Haaren noch beieinander ist, der sollte nur mal mit einem Fußball vor seinem Haus rumtoben. Gnade ihm Gott.

Zweitens braucht man jetzt gar nicht anzufangen, Menschenjahre in Hundejahre oder andersrum umzurechnen. Das ist Quatsch. Wenn der Herr Lehmann grau werden will, dann wird er das – ungefragt und selbstbestimmt und somit wann er will.

Und drittens trägt der Herr Lehmann jedes einzelne seiner eventuell vorhandenen grauen Haare mit Würde. Dass das Frauchen bezweifelt, dass mit ihnen auch etwas mehr Weisheit über den Herrn Lehmann kommt, steht auf einem anderen Blatt Papier. Bei Herrchen ist das laut Frauchen ja auch nicht der Fall.

Die Sache mit der Neugier

Nein, der Herr Lehmann ist nicht neugierig. Überhaupt nicht. Er ist nur ein bisschen interessiert an den Sachen, die um ihn rum so passieren.

Er will zum Beispiel immer ganz genau wissen, was das Frauchen so in ihre Tasche packt, wenn sie morgens zur Arbeit geht. Das muss kontrolliert werden, und deshalb dauert es dann auch ein bisschen, ehe das Frauchen den Herrn Lehmann wieder aus ihrer Tasche rausgeschmissen hat.

Beim Schneeschippen mit dem Herrchen guckt der Herr Lehmann auch ganz genau nach, ob alles ordentlich und zu seiner Zufriedenheit erledigt wird. Vor und hinter der Schaufel. Und manchmal auch gleich an der Schaufel dran. Vertrauen ist gut, Kontrolle ist besser.

Neulich stand die Garage einer Nachbarin mal kurz offen. Da musste der Herr Lehmann natürlich auch erst einmal nachsehen, ob da alles seine Ordnung hat. Hatte es übrigens, er kann die Nachbarin diesbezüglich beruhigen.

Gerne würde der Herr Lehmann auch mal die Fleischerei nebenan inspizieren. Wie gesagt: Er ist nicht neugierig. Und schon gar nicht verfressen. Er ist halt nur ein bisschen interessiert. Mehr nicht.

Die Onkel von Elxleben

Eigentlich spielt der Herr Lehmann ja selber gerne Schneepflug. Jedenfalls so ungefähr 15 Meter lang. Spätestens dann wird die Sache langsam anstrengend. Nach weiteren siebeneinhalb Metern setzt sich der Herr Lehmann hin und überlegt, wie er aus dem weißen Schlamassel wieder rauskommt. Meist leckt er sich eine seiner Pfoten und das Herrchen ist zum Glück so blöd und trägt ihn dann ein paar Meter.

In Elxleben gibt es aber zwei Onkel, die jeden Morgen mit dem Traktor durch den Ort fahren und Schnee räumen. Der Herr Lehmann wird immer wach, wenn sie kurz nach fünf durch die Angergasse donnern. Macht aber nichts, der Herr Lehmann hat die beiden Onkel samt Traktor ganz doll lieb.

Weil: Er kann nicht nur vor seinem Haus nach Herzenslust und ohne Schneewiderstand herumtoben, er kann von dort aus auch dem Herrchen zugucken, wie es durch den Schnee stapft, um das Holz für Herrn Lehmanns Kamin aus dem Garten zu holen.

Die geräumten Straßen sorgen aber auch dafür, dass Herrchen und Frauchen jeden Morgen wirklich zur Arbeit fahren und der Herr Lehmann zu Hause in aller Ruhe seinen liebgewonnenen Tätigkeiten nachgehen kann: schlafen und ein bisschen Unsinn machen.

Danksagung

Mein Dank geht an Dorothee Schipke vom TA-Archiv, ohne die alles viel länger gedauert hätte. Stefanie Döring vom Klartext Verlag war meine erste, aber nicht nur deshalb beste Lektorin. Jan Dressel half mir, mit den Widrigkeiten von Computer-Programmen fertig zu werden. Meinen Eltern hat es viel Spaß gemacht, mich auf Fehler hinzuweisen. Und ohne Herrn Lehmanns Frauchen – Lavinia Bertram – gäbe es die meisten Geschichten gar nicht.